U0935099

国家社会科学基金西部项目（批准号：15XFX021）
“国家义务与社会协同：社会权保障研究”研究成果

XIBU SHENGTAI YIMIN SHEHUIQUAN BAOZHANG YANJIU

西部生态移民社会权保障研究

乔煜　张琦　潘志伟　著

中国人口与健康出版社

图书在版编目（CIP）数据

西部生态移民社会权保障研究 / 乔煜，张琦，潘志伟著. — 北京：中国人口与健康出版社，2025. 7.
ISBN 978-7-5238-0064-5

Ⅰ. D632. 4

中国国家版本馆 CIP 数据核字第 2024BC3570 号

西部生态移民社会权保障研究

XIBU SHENGTAI YIMIN SHEHUIQUAN BAOZHANG YANJIU

乔煜　张琦　潘志伟　著

责任编辑	杨际航
责任设计	刘海刚
责任印制	王艳如　任伟英
出版发行	中国人口与健康出版社
印　　刷	廊坊市海涛印刷有限公司
开　　本	710 毫米 ×1000 毫米　1/16
印　　张	15
字　　数	200 千字
版　　次	2025 年 7 月第 1 版
印　　次	2025 年 7 月第 1 次印刷
书　　号	ISBN 978-7-5238-0064-5
定　　价	72.00 元

微信 ID	中国人口与健康出版社		
图书订购	中国人口与健康出版社天猫旗舰店		
新浪微博	@中国人口与健康出版社		
电子信箱	rkcbs@126.com		
总编室电话	（010）83519392	发行部电话	（010）83557247
办公室电话	（010）83519400	网销部电话	（010）83530809
传　　真	（010）83519400		
地　　址	北京市海淀区交大东路甲 36 号		
邮　　编	100044		

目　录

序　章

近年来，随着国家对西部大开发工作的重视，西部地区经济发展得到了明显改善，但是西部大开发工作并不仅局限在追求区域经济的提升，亦需对西部环境恶劣地区的生态建设有所作为。在西部大开发进程中，应始终将生态建设作为开发的核心问题。因此建设西部生态屏障，对于西部地区乃至全国的经济、社会、生态可持续发展来说，是至关重要的。

贫困是历史发展过程中不可避免的一部分，降低贫困率是社会发展的必然要求。然而，农村贫困主要的客观因素是生态环境。一些学者认为，不同类型的贫困一般由生存和发展的环境类型决定①。在难以生存的环境中，人类只能处于绝对贫困之中；而在一个经济发展程度较高的环境，人类主要处于相对贫困中。罗智胜等专家指出，自然环境差、地理位置遥远和市场辐射条件差在贫困地区已经形成了以下突出问题：

（1）信息传播渠道落后，居民很难接受新的想法和观念。这些地区往往思想陈旧，生活方式落后，文化教育不发达，文盲、半文盲比例较高。这些问题既是经济落后的产物，也是下一轮经济发展的障碍。

（2）经济资源和人员流动受到阻碍。资源配置效率低下导致经济发展和市场化进程缓慢，进而影响经济资源的配置效率。

① 朱梦冰，李实．精准扶贫重在精准识别贫困人口——农村低保政策的瞄准效果分析［J］．中国社会科学，2017（9）：90-112，207.

（3）投资环境差。从国家投资建设的角度来看，由于这些地区基础设施和经济发展的基本条件较差，资本投资的边际效率较低，影响了国家对这些地区的直接投资，经济发展后劲不足。这些反过来又制约了基础设施、经济发展和其他基本条件的改善，形成了一个恶性循环。

“越穷越垦，越垦越穷。”是生态恶化地区经济发展的一个特征。解决这一问题的方法很多，但往往很难奏效。这是由于生态环境建设是一种公共产品，公共产品和私人产品的根本差别是非排他性和非竞争性。由于生态建设保护环境的收益不为个人所独享，个人就没有保护环境的经济动力；而粮食和牲畜等私人产品则存在经济动力。要解决这些问题，需要投入大量资金，促进经济与生态的协调发展，但快速的经济增长对时间的敏感性较低。从国家投资的角度来看，在环境恶化的贫困地区，国家的一般解决方案往往是针对贫困人口和环境修复进行投资的。因此，需要大量且持续的资本投入，否则贫困和环境问题很容易反弹。从长远来看，生态移民基本上可以解决贫困人口和环境修复两个问题。

实践和研究表明，采取生态移民措施产生的生态效应十分明显①。西部生态环境脆弱地区的农牧民陷入“越穷越垦，越垦越穷”的恶性循环并非偶然的，他们的生存需求、发展追求等成了这一恶性循环存在的内在逻辑。打破这一恶性循环的重要途径是通过生态移民把相当数量的西部生态环境恶化地区的农牧民转移出来。从某种意义上说，对生态贫困地区进行的生态移民存在生态建设和经济发展上的必然联系。

生态移民是一门综合性的学科，涉及社会学、生态学、经济学等多门学科，但主要关注的是应用层面的理解。生态移民理论在中国西部地区已经有了很多实践，有成功也有失败。在此基础上，应进一步探索生态移民的条件、引导机制、政策导向等影响因素，提高生态移民的社会、生态和

① 周鹏. 中国西部地区生态移民可持续发展研究［D］. 北京：中央民族大学，2013.

经济效益。

本书研究的理论意义在于，它基于国家反贫困战略的整体实施与推进，以社会权和社会保障权的法律规范分析为研究的逻辑起点，全面探讨了西部生态移民的社会权保障问题。通过梳理社会权保障的基本理论，提出了生态移民在社会权保障领域下的具体保障路径实施，丰富了我国的社会保障理论和农村发展理论。

本研究的现实意义在于，以西部特殊地域的生态移民为样本，分析了生态移民的社会权保障的立法现状、管理体制、运行机制等各个方面。通过对西部地区生态移民工作法治化进程的创新研究，为进一步开展和规范生态移民工作提供一定的理论支持，也为解决西部地区人口贫困问题和推动生态系统建设提供了有益的意见和建议。

第一章 生态移民基本理论问题

第一节 生态移民的缘起

移民是一项伟大的工程，从古至今都有移民行为的出现。古代移民活动的特点一般表现为：为了躲避战乱而漫无目的地游走，缺乏明确的移居地。古代人们缺乏对移民行为的认识，对其也缺少理论上的研究。移民是一种正常的社会行为，伴随着人类的发展移民理论也得到深化。

目前，移民理论的研究主要从移民方式、移民程序等角度进行展开。在这方面，不少国家已有深厚的学术积淀，而我国专家学者对移民研究的历史渊源则更为悠久。早在 1915 年，舒新成先生编著的《辞海》就解释了“移民”一词，该词将移民类型进行了划分，将其解释为“大量有组织的人口迁移”和“迁移到国外某个地区并永久定居的人”①。其中，前者与后者在国外分别被称为“resettlement”和“immigration”，从这个角度也可以看出，对这两种行为的划分主要是根据迁移的人是否离开本国。

随着经济的发展，国家出于统筹管理本国人民以及本国人民依据自身意愿进行迁出原住地的需求日益增加，相关学者近年来加大了对移民理论

① 舒新城 . 辞海［M］. 香港：中華書局（香港）有限公司，2015.

的分析，并从微观层次对移民进行了细致的种类划分。其中被广为认可的研究主要是自愿移民和非自愿移民的划分。自愿移民主要是个人或群体依据自身意愿和条件，为了获得较之前更高的物质需求和心理需求而进行的移民活动，理论上将其定义为：人们为了寻求更好的发展机会或者获得更好的物质生活而自愿从一个地区或者国家迁移到另一个地区或者国家的行为，主要表现为一种积极的心态。非自愿移民主要是国家为了宏观管理或者为帮助在原地区难以生活的人民迁出原居住地的一种行为，理论上将其定义为：由于某种客观原因，使人们在原居住地无法继续居住而被迫或非自愿地迁出原居地，此类移民是带有消极心态的一种移民方式。从微观角度考虑，驱使人们进行自愿移民和非自愿移民的原因存在很大不同。自愿移民除了受国家法律或者地区制度的制约以外，几乎不受其他诸如环境、技术、宗教、文化等外界条件的限制。而非自愿移民则不同，非自愿移民相比自愿移民来讲接受的条件较为苛刻，过程也复杂多变，主要受政治、环境、经济等其他方面的制约，对其进行细微考究又可以分为人际关系、风俗习惯等因素。表面上移民仅仅是单独个体或者多数个体上的“人”群集迁移的行为，但每个人都有自己的思维方式、生活习惯，甚至有自己的信仰，而这些无形的东西也会随着个体的迁移而迁移，对原居地的文化传统有可能造成破坏以及对移居地的文化有可能带来冲击，因此，大规模的移民对于一个国家、一个民族来讲都是一种文化上的考验。

自愿移民和非自愿移民虽然都是宏观意义上的移民手段，但是二者会随着社会的发展、移民思想的转变而发生优劣之势的变化。比如，当移民的推动力及保障不足以促使移民主动迁移时，为了地区的发展及稳定等原因，政府或者移民组织就会干预移民自身的意愿，此时被迫迁移的行为就属于非自愿迁移类型；当政府或者移民组织的干预不是强硬地逼迫移民迁移，而是通过宣传给予经济、户口、文化、愿景等物质和非物质上的诱导，在这种情况下，原先不愿迁移的群众有可能会发生思想上的变化，从而转化为自愿移民。

繁衍、迁徙与生存，是人类古老的话题。为创造更好的生存空间，建设更加美好的家园，人类自诞生以来迁徙活动就没有停止过。人类在迁徙过程中，不断利用自然、改造自然，不断改变着地球上的空间结构，也改变着地球上资源的分配、分布。在迁徙过程中，人与自然的关系经历了改造、利用、破坏、约束与反约束的多重反馈过程，特别是当人类的活动范围或者强度超过了生态恢复的极限时，生态恶化和贫困的恶性循环问题就会不断彰显。人类不得不再次审视自己的行为，审视生态的价值，以追求人与自然的和谐统一，可持续发展也逐渐深入人心，这是生态移民出现的背景和意义。

第二节　生态移民理论体系与理论基础

一、生态移民理论体系

生态移民理论的出现晚于移民理论，生态移民理论是在移民理论的基础上划分出的新型移民理论，但在学术研究中，生态移民仍被认定为移民研究的一个分支。因此，在研究生态移民的相关理论时，可以借鉴移民理论。移民形式分为自愿移民和非自愿移民，而生态移民是由于移民地区的生态环境遭到破坏，政府及移民组织为了保障该地区人民的生存利益进而采取宣传、诱导的方式推动移民活动的发生。虽说政府及移民组织行使的是善举，但难免大多数人民为了生活习惯、当地文化、人际关系等因素而不愿进行移民。

从微观角度来看，生态移民应当归属于非自愿移民的类别；而从宏观角度，生态移民亦可以看作一种社会移民。因此，对生态移民的人口规模、生态平衡标准、移民地区生态标准、出生率、死亡率和移民后的影响等理论研究可以遵循人口迁移的相关规定。生态平衡和人口规模问题也归因于广义上的人口学研究内容。人口社会学将人口迁移定义为“改变居住地的文化、生态和相对永久性变化的空间运动”①。其实，生态移民中的人口问题和人口社会学的实质很相似，不同的是人口社会学研究的重点更为抽象，主要包括人口迁移的原因性和迁移机遇正当性的分析。

生态移民研究的主体更加明确，是对受迁移人群的意愿进行研究。而本书的分析重点主要是生态移民可持续发展的实现要素、生态移民的利弊权衡、迁出地人民对迁入地的期望值。人口社会学对迁移者的迁移动因、规律、过程等理论研究可以作为生态移民研究的理论依据。

（一）生态移民概念界定

生态移民涉及的因素非常广泛，研究视角不同，得出的概念也有所差异。目前，生态移民的概念在国内外学术界都存在不一致的意见，主要是由于研究视角的不同。早期的研究将发生生态移民的原因总结为自然生态环境遭到破坏，使其几乎丧失承载人们生存的能力时，为了避免迁出地的生态环境遭到进一步破坏而发生的移民活动②。20 世纪末，“环境难民”一词开始在联合国有关会议上提出，之后在各个国家得到了快速传播，并引起了生态环境领域相关专家的关注。联合国环保部门将其定义为：“由于战乱以及自然灾难的发生，原有居住区的生态环境遭到了毁灭性的破坏，人们被迫暂时或永久地离开他们原来的住所。”生态移民的概念 eco-immigration 在国际上目前很难找到对应的词汇。

国内对生态移民概念的界定最早开始于 20 世纪末，受国际“移民热”的影响，我国也开始着重开展移民理论的研究，而生态移民的研究就在此

① 佟新．人口社会学［M］．北京：北京大学出版社，2003.

② 耿一睿，苗红，安烁，等．中国生态移民可视化研究分析［J］．西南大学学报（自然科学版），2020，42（5）：151-161.

范围。徐江教授曾在一篇文章中指出他对生态移民缘起的理解：“在中国这个古老的国家，很多人对居住地区的看法相对传统，一代传一代，世世代代生活在同一地区，但如果原有居住地的生态环境遭到了重大破坏，他们就只能无奈被迫迁移。”其实，发生生态移民活动的因素有很多，尤其从系统论的角度分析，生态移民的缘起必然受到了众多因素的影响，比如原居住地的经济发展水平、市场环境的优劣、自然灾害的毁灭性程度及频率等，致使区域人口的环境承载能力不足而引起生态移民活动的出现。从早年相关理论研究可以得出一个结论，即“环境”的内涵要大于“生态”，生态是环境的一个子集，中国早期的学者对生态移民内涵的理解也如上所述。由于我国近些年的发展主要是依靠大量消耗自然资源促进经济的发展，生态环境遭到了严重破坏，在这样严峻的环境背景下，国内大量学者开始关注研究生态移民的相关理论。其研究主要是从生态和经济等不同的视角对生态移民进行界定。比如，有学者认为：“要想正确全面地理解生态移民，就需要对经济和环境这两个最为重要的因素进行综合研究，我们不能把合法居住在生态环境优美地区居民强制迁移到生态环境恶劣的地区，也不能鼓励人们从生态环境不好的区域迁移至生态环境好但经济更为落后的区域，我们所进行的每一次活动都应该是进化的，包括生态移民活动，最终目的是既能保护生态环境又能发展经济，尽量把生态环境遭到破坏地区的闲散劳动力通过移民活动分配到劳动力缺乏的地区，在保护原居住地生态的基础上促进迁入地的经济发展，从而形成生态环境可持续发展的战略目标。”①

在学术界盛行的对于生态移民定义：生态移民是指为恢复生态环境恶化地区，减轻该地区人口贫困状况，促进当地经济、环境和区域协调发

① 葛根高娃，乌云巴图．内蒙古牧区生态移民的概念、问题与对策［J］．内蒙古社会科学（汉文版），2003（2）：118-122.

展，由政府组织成一个地区并以集中或分散的方式转移到另一个地区的过剩人口，并具有过剩的活动面积。总之，就是指国家或者社会为了达到宏观调控的目的，鼓励生活在环境恶劣地区的居民进行迁移，实现生态经济可持续发展的目的①。

（二）生态移民的内涵

生态移民是随着自然环境遭到破坏而被细致发掘出来的概念，和移民这一整体概念相比，生态移民的概念算是移民这个大概念中的新成员。纵观国内外相关理论研究，“生态移民”是由“环境难民”一词演变过来的。在20世纪70年代中期，布朗等人在给世界观察研究所组织编著的《世界观察系列报告—5》中首次使用“生态移民”这一概念，当时报告中出现的一个概念是“环境难民”。后来，“环境难民”的概念逐渐传播开来，成为近几十年来许多外国专家关注的一个重要话题。随后，在广泛普及的过程中，产生了一个为公众所熟悉并被广泛研究和使用的新概念“环境移民”②。

自20世纪80年代末以来，各国正处于社会发展的高速运转期，生态环境遭到进一步破坏，由此引发的移民现象便成为国内外学者关注的热点。与此同时，在政治界和学术界出现了不同的术语来表述这种移民。例如，“强迫环境移民”“环境难民”“气候难民”“环境动机移民”“环境强迫移民”“环境退化”“灾难难民”等。

在众多理论研究中，阿萨姆和埃尔哈纳威在1985年提出的“生态难民”定义是后期相关理论研究的基础。他将“生态难民”的概念定义为：在重大环境灾难的情况下，与人民生活乃至生存相关的环境质量下降，人们被迫选择迁移的移民活动。两位学者在给出“环境难民”定义的基础

① 包智明.关于生态移民的定义、分类及若干问题［J］.中央民族大学学报，2006（1）：27-31.

② 杜发春. 国外生态移民研究述评［J］.民族研究，2014（2）：109-120，126.

上，对“环境崩溃”进行了进一步的理论研究，并提出环境崩溃是指:“由于自然灾害的突发性，比如飓风、沙尘暴等，抑或是由于生态环境的自然性缓慢衰退，如土地旱涝、咸水侵蚀等，这些自然活动所引起生态系统的剧烈变化，使其无法再适宜当地居民的生活和生存。”虽然这一定义在理论上显得过于抽象，甚至并没有完全解释“生态移民”或难民问题，但它为近年来关于生态移民现象的学术研究奠定了坚实的理论基础。另外，英国环境领域的学者诺曼和梅耶斯在人口流动与环境变化的研究中将“生态难民”定义为“土壤侵蚀、干旱、过度砍伐、沙漠化等环境问题，以及贫困、人口压力等社会经济问题”导致的那些生计无法得到基本保护的人。这些早期研究都为后来的学术研究奠定了理论的基础①。其实，早期的“生态难民”与近期的“生态移民”概念的根本区别在于“生态难民”主要用于因生态退化而被迫迁移的移民，按照近年来对“生态移民”方式的划分，早期“生态难民”的理论界定应归属于“生态移民”中的“非自愿性移民”的一部分。

21世纪初，联合国难民署出于对各国难民的考虑，提出了“环境失所者”的概念，将其定义为:不以跨国人口流动为基础，也不涉及武装突破和侵犯人权的一种人口迁移活动。显然，这种权威性的概括在一定程度上减少了学术界关于“生态移民”和“生态难民”两个概念的争论。由于“生态移民”的理论研究较为具体，所以官方文件和专家学者已经开始使用“生态移民”的概念。但长期以来，各国学者对这些关于“生态移民”概念的解释仍然没有明确的区分。其实，在实践应用中没有必要对这些差异进行准确的区分，因为理论成果也会随着时代的发展而发生演变。关键在于是“生态移民”“生态难民”还是“环境难民”。“气候难民”等大类术语在理论上具有共性，即环境因素与人类迁移之间的关系。由于近年来在各国专

① 温丽.基于国际视角的生态移民研究［J］.世界农业，2012（12）：46-49.

家中盛行移民理论的研究，并都提出了具有说服性的理论成果，但学术界对“生态移民”和“生态难民”存在的这种争议不利于国际合作、政策制定和措施的实施。为了加强各个国家在该框架内的协作，国际移民组织对二者作了较为权威的解读，将生态移民的概念界定为：“原居住地的生态环境遭到人为或者自然因素的破坏，使居民丧失了生活甚至生存的环境条件，被迫或主动迁移至其他区域寻求发展和生存的移民行为。”由于国际移民组织对这一概括性的概念界定具有很强的操作性，因此，这一“生态移民”的概念在政治界和学术界中出现得越来越多，并得到越来越广泛的应用。生态难民也是由于原居住地的生态环境遭到人为或者自然因素的破坏，使居民丧失了生活甚至生存的环境条件，但居民一般是被迫发生迁移行为。生态移民在理论上是对“生态难民”的继承与发展。

但是，国内关于“生态移民”的定义在学术界尚未达成共识，且存在所谓的“矛盾意见”。造成这种情况的原因主要是由于生态移民既有自然生态环境恶化造成的移民，也有生态破坏造成的严重环境退化导致的移民，以及难民等其他原因。国内学术界将“生态移民”概括为生态农业在移民中的应用。它也可以被称为“可持续移民”或“可持续发展移民”。另外，有学者从发展的角度将“生态移民”定义为五个发展层次，即“生命发展、生产发展、自我发展、权利发展和平等发展”。虽然“生态移民”的定义不同，但都有一个共同点：生态破坏和环境威胁背景下的移民行为。

（三）生态移民的外延

人口迁移在改善环境退化、摆脱贫困的过程中起着重要作用，同时也是实现人与自然和谐的必要途径。在历史演变的过程中，古代的人类由于信奉自然，相信自然可以带给他们生存的机会，因此，那时的人类是一种崇尚自然的心态；人类进入文明时期，由于人们的精神需求和物质需求都有所提升，而大自然并不能满足当时人们的这种需求，人们为了获得需求从而开始产生了征服自然的心态；由于在获得物质需求的同时大自然也遭到过度破坏，近代的人们开始悔悟之前对待大自然的行为，因而又出现了调和自然的心态，以达到既能满足人类需求，又能维持环境系统的稳定。

回顾三个历史阶段，随着人类文明的不断进步，在现代社会，人类最终选择了生态文明建设的方式，更加注重生态发展，人类也深刻认识到了生态保护的重要价值。无论是从历史角度抑或是当代社会发展过程中的实践角度来看，如果一味追求眼前的经济价值而忽视自然生态的有序发展，终将受到大自然的“报复”。然而，新的社会方式已经盛行，科技产品已经出世，为了推动经济和社会的发展，人类不可能回到最初崇拜自然的阶段；不可能因为生态维护而停止社会生产从而忽视经济的发展。因此，我们应该寻求各个系统可以共同持续发展的途径，结合生态环境系统和经济系统的关系，探索出二者的发展规律，实现生态经济可持续发展之路。但在历史发展的进程中，二者的发展总是出现彼此阻扰的局面，尤其是在追求经济发展时很难避免对生态环境造成破坏。我们所讲的共同可持续发展不是不发展，也不是为了一方发展又不能损害另一方利益，而是在发展过程中要避免对别的系统造成过度的破坏。

生态移民作为“环境”和“人口”变迁的一种方式，其必然是实现社会可持续发展的关键途径之一。比如，由于西部地区分散着许多少数民族地区，当地民族也大多以散居形式生活，但西部地区的生态环境较为恶劣，这主要是由于自然原因引起的，且无法短期转变恶劣的生存环境，因此“生态移民”的理论研究可以广泛适用于西部地区。

“生态移民”的外延主要研究的是为辅助其有效运用的相关理论，比如生态移民的必要性研究，其施行的必要性主要体现在两个方面。第一，可持续发展角度：分析环境的承载力与人口压力关系；第二，移民的需求角度：探索“生态移民”对移民生活及观念产生的影响。研究“生态移民”的必要性是促进“生态移民”活动有效发展的必要途径。事实上，学术界的许多学者已经在早期详细阐述了“生态移民”的必要性。由于“生态移民”对西部地区更有适用价值，早期学者尤为注重选取西部民族地区作为研究对象。目前我国已经研究出专门针对西部地区的生态移民模式，比如对西部以放牧为主的牧民通过生态移民的方式转移至周边农业区，对生产生活方式给予可靠的保障。目前，将牧民区的居民迁移至农务地，进而在保护牧民区生态环境的前提下改善牧民经济收入的办法已经得到了广泛运用。

进入 21 世纪以来，国家逐渐对生态环境的质量提出了更高的要求，从而直接促使了环境学专家在研究“生态移民”相关理论时提升自己的研究深度。生态移民的研究主要从可持续发展和构建和谐社会的角度研究“生态移民”在政治、经济、社会和生态领域给国家与社会带来的价值。随着全面建设小康社会的最后推进和各个方面的快速发展变革，生态移民的迁入地标准也要符合小康社会的相关指标。因此，许多学者在探讨如何构建生态移民与社会主义新农村建设的关系时，就必须考虑生态移民在全面建设小康社会过程中的作用和地位①。有专家指出：“生态移民是促进国家加快全面建设小康社会的一种方式，在有利于保护生态环境的同时还可以合理调配人力资源以及推动全面小康社会的建设。”目前，国家正在倡导西部大开发战略，在保障技术、资金投入的同时，通过移民的方式调动劳动力投入西部大开发战略中也是一个重要环节。另外，西部大开发不仅是资源上的开发，也要注重原有生态环境的保护。

近年来通过对有关生态移民的理论研究进行总结可以得出：生态移民本身就是一种人口迁移的活动，只是发生生态移民的原因是由生态环境遭到破坏诱发的，因此，生态移民的研究既要探究其内涵（生态移民的本质），又要分析其外延性因素（如生态移民的途径、保障、影响等）。本书结合生态移民的内涵和外延，试图从西部地区生态移民的具体视角出发，

① 皮海峰．小康社会与生态移民［J］．农村经济，2004（6）：58-60.

探索出适合中国社会的生态移民模式。

生态移民是一个综合概念，理论界的研究主要涉及“环境灾害移民、环境生态移民、环境污染移民”等各种类型的生态移民。对生态移民的每种移民类型进行单独研究有助于剖析移民的原因和制定针对性的移民保障措施。

（四）生态移民的分类和特点

1. 生态移民的分类

生态移民的分类一直是国内外学者关注的焦点，但由于生态移民所涉及的因素较多，故从不同的角度分析就会产生不同的生态移民概念，学界对生态移民的概念界定也较为模糊。有国外学者从移民时间是否长久的角度将“生态移民”分为三类：第一类是由于居住地生态环境遭到短暂的破坏而引发的“临时性移民”。第二类是由于居住地生态环境遭到持久性的破坏而引发的“永久性移民”。第三类移民定义相对复杂，是介于“临时性移民”和“永久性移民”二者之间的一种移民方式，主要是由于生态环境逐渐退化导致的移民类型，我们称之为“临时性或永久性移民”①。出现这种分类的原因主要是由于生态环境退化的缓慢性引起的，如果短期可以恢复到健康的生态环境，且有正常的维护程序展开，那原先临时迁移的居民便可以再次回到迁出地，这就是“临时性移民”；如果迁出地生态环境过于脆弱，为了长久保护迁出地生态环境免遭破坏而使该地居民永久性迁出，这种类型便是“永久性移民”，由于生态环境恶化缓慢的特点，使得该种类型的移民涵盖了上述两种情形。

国外学者同时根据生态变迁的因素对生态移民的类型进行了划分，其所依据的生态因素主要包括大气及水质污染的程度、土地或者森林的退化

---

① ［澳］斯蒂芬·卡斯尔斯．21世纪初的国际移民：全球性的趋势和问题［J］．国际社会科学杂志（中文版），2001（3）：20–33.

以及随着温度上升引起的海平面上升等自然原因。在理论研究领域通过对研究目标进行分类更有利于发现每一外延性因素和主要研究目标的关系。生态移民的理论研究就是通过对其外延性移民因素进行细致考究，从而达到快速准确分析生态移民问题的目的。但事实上，各个生态因素之间存在着某种模糊的交叉联系，比如森林植被的破坏与土地荒漠化之间的联系，当森林植被遭到严重破坏时就有可能引起土地沙漠化的发生，二者都是生态移民的外延性因素。因此，大多数生态因素是混合的，在理论研究的过程中很难明确其具体的类别。另外，随着工业污染加剧以及局部战争的爆发，近年来，部分学者根据战争以及工业引发的生态破坏等因素对生态移民进行了类别上的划分，但该种研究尚未形成系统性的理论定义。

综上所述，目前学术界对生态移民的分类研究已经趋于成熟，但各个理论之间仍存在分歧，这种分歧也是推动理论研究不断前行的动力。同时，随着社会的发展和人类需求层次的提高以及新的人为破坏环境的因素和自然灾害因素的增多，将来可能会产生更多的新型生态移民的种类。

目前，国内学者对“生态移民”的理论研究已趋于成熟，更多的是在早期理论的基础上结合当今社会的发展情形进而采取综合性分析的模式，这种研究方式与之前的理论研究相比更具实施性和可操控性。在具体实践中，我国学者将生态移民划分为四类。

第一类，自愿生态移民和非自愿生态移民。自愿生态移民关注的是当某地区生态环境的承载力不足以支持当地居民的生活和精神需求时，部分居民为了寻求更高层次的环境需求进而采取自愿迁出本地的移民活动，简而言之，即居民因不满足于当地生态环境且遵从自身意愿迁离的一种移民方式，该类移民活动较为常见，尤其是随着城镇化进程的加快，部分地区的村民向往经济、教育等发达的城市地区，从而从农村地区迁往就近的县城；而非自愿性生态移民主要是指生态环境遭受严重破坏时，国家或者移民组织为了全面保护该地区生态而进行的一种政策性的移民调控行为，实施此类移民时，对移民来说与自愿生态移民最主要的区别在于其自身不具有很强的独立选择的意愿，在我国该类移民的方式主要适用于自然保护区和牧区，国家为了维护植被面积的“红线”不得已采取诱导的方式将自然保护区和牧区的人民引离迁出地。

第二类，自发式生态移民和政府主导式的生态移民。此种移民分类和第一种移民分类大体相同，但自愿移民和非自愿移民所对应的外延性因素要宽泛于此类两种移民方式。自发式生态移民是指由于经济困难或者生态环境不适宜居住等其他因素引起的当地居民为谋求更高的经济收入或者更好的生存环境进而局部自发迁离原居住地的移民方式，此类移民主要依靠自身条件和亲友的帮助，因此，该类移民应归属于自愿移民的形式中。有时政府在生态移民的过程中也扮演着重要的角色，这种类型的生态移民一般是被迫性的迁移行为，政府为了对劳动力进行合理分配以达到宏观调控的目的，通常通过制定移民政策来强制或者诱导居民参与到生态移民的活动中。比如，生态环境遭到严重破坏时，政府为了保护环境就会通过政策规范人们的迁移行为；生态环境尚未遭到严重破坏但有可能进一步遭到破坏时，政府就会通过非强制性政策吸引人们迁离原居住区，比如住房保障政策、工作安置、子女升学教育等物质性的吸引政策等。随着经济的发展，人们环保意识的加强，这种非强制性的移民政策将占据移民活动的主要地位。

第三类，局部迁移型生态迁移和整体迁移。局部移民类型的生态移民主要集中适用于原始性聚落，因原始性聚落居住的小片区域环境遭到破坏而进行的移民活动，而不是将居住在当地的居民全部移出，移民后，原有的一些文化习俗可以通过当地未迁移的人们和文化组织继续保留，这样做的优点在于不仅可以提升移民的社会和文化适应能力，并且有利于移民地文化和移居地文化的融合，从而形成文化交融的局面。另外，生态移民的原因就是由于迁出地生态环境的承载力不足以平衡当地所有居民的生活需求，因此采取局部迁移的方式对于恢复和保护移民地区的生态环境创造了先决条件。生态移民的整体迁移类型是指居民居住地的大片区域遭到整体性破坏而进行的由原居住地向新区域的整体迁移。例如，国家于 2003 年 1 月，通过政策性诱导和加大资金投入对三江源生态恶劣地区着手启动的整体移民工程就是典型的生态移民的整体迁移类型，原先习惯于游牧生活的居民虽然起初在生活习惯上颇有不适，但随着移民活动的推进，牧民在放弃游走马背的生活之后逐渐融入了新型的城镇生活，迁居地的文化也随着移民的到来发生了大规模的融合①。

第四类，其他类型的移民。该种类型的分类属于学术界的兜底性理论分类，除了上述三类（六种）移民形式，其他类别均可归属于此。目前，归属于此类的移民方式主要包括以下三种移民活动：一是将原先以畜牧业为主的居民迁移到以农业为主的聚居地；二是将原先以农业为主的居民迁移到以工业为主的聚居地；三是将原先以工业为主的居民迁移到以新型产业为主的聚居地。畜牧型居民向农业型居民聚居地迁移主要是以改变移民的基本生活方式为前提，这种移民活动的展开在一定程度上比较困难，因为国家不仅要规劝牧民改变传统的生活方式，而且还要在种植技术等方面培养牧民如何适应农业的生活方式。农业型居民向工业为主的聚居地迁移多发生在自愿性移民和非主导性移民的移民活动中，农村居民为了自身的发展和更高的生活需求将居住地从农村地区迁移到城市周边的工业地区就是此类移民的范畴，这类移民活动的展开更多考量的是居民对自身经济和物质上的追求层次。工业型居民向新型产业为主的聚居地迁移一般发生在居民工业活动转型的过程中，比如近年来各地的环保大战，即政府在制定硬性政策的基础上对传统工业进行规制，从而激励以传统工业为主的居民

① 祁进玉，陈晓璐．三江源地区生态移民异地安置与适应［J］．民族研究，2020（4）：74-86，140.

转投新型产业，这类移民活动应归属于非自愿性移民或政府主导的移民形式中。

以上四类移民形式几乎涵盖了我国目前在生态移民领域的研究成果，但随着社会的发展和生态环境的变迁，未来必将出现新的“生态移民”的理论成果和移民活动。

2. 生态移民的特点

生态移民的特点也属于生态移民的外延性因素，因此，对其进行理论研究也有助于生态移民活动的有效展开。对生态移民特点的研究主要从以下三个角度展开。

第一，从生态移民方式的角度展开。目前，生态移民的方式虽然有很多种，但政府主导型移民依然是移民的主要途径①。从这方面来讲，生态移民大多是在政府统一组织、统一领导的前提下进行的一种有目的、有计划的人口迁移活动。通过实证分析发现，生态移民的原因主要是由于自然保护区的生态恶化和人口退化，政府为了保护当地的生态环境而对当地人口进行的一种宏观上的调控，是一种为了促进区域经济发展而展开的大迁移。这里的“生态移民”本质上不同于联合国难民署提出的“生态难民”，尽管这两个术语经常被政治界和学术界拿来互换使用，但事实上这两个概念有本质的区别。从移民理论研究的历史过程来看，生态移民是在生态难民的理论基础上进行系统性的研究后所得出的近代移民理念。生态移民理念的产生是生态环境恶化和社会贫富差距巨大两种因素共同演变的成果。因此，在研究西部地区生态移民问题时，有必要从经济、生态、民族等方面对生态移民的影响因素进行系统性的研究和分析。

第二，从生态移民动机的角度展开。这种动机在根本上来源于居民想

① 罗强强，杨国林．宁夏移民扶贫开发的经验和效果［J］．农业现代化研究，2009，30（5）：575-578．

要改善生活的思想，同时也是生态环境的承载力与人口剧增压力之间的关系不协调所逼迫出来的思想，也就是说，原有居住人口规模不断扩大，远远超过了该地区生态环境所能承载的最大容量。生态环境的恶化将影响当地居民的日常生活。因此，在上述环境和人口不协调的背景下有必要对西部部分地区实施生态移民，这是由西部生态环境因素所造成的，而不是由生产方式的创新、产业结构变化以及交通发展等经济因素造成的。

第三，从生态移民目的的角度展开。对移民目的的研究有助于国家制定有针对性的移民对策，对迁移到移居地的移民给予及时的物质保障。生态移民的终极目标是将生态环境恶化地区的人口迁移到友好的环境中，以达到修复和恢复生态环境的目的。

随着社会经济的快速发展以及自然灾害的发生，近年来自然生态系统遭到严重破坏，因此，对生态环境正在遭受破坏的地区实施“生态移民”工程有其现实必要性。主要体现在以下三个方面：第一，通过生态移民可以促进贫困地区牧民尽快摆脱经济上的困境；第二，通过生态移民可以建立环境承载力与人口压力之间的协调关系，并且通过减少人口压力，可以提高环境承载力、有效促进生物多样性，进一步有效维护生态系统的平衡稳定；第三，生态移民可以改变人们的生产和生活方式。对上述三种生态移民目的的研究是当前移民活动有效发展的基础。

二、生态移民的理论基础

生态移民是人口迁移的一种活动，因此，对生态移民的理论研究主要是从“人”的角度出发，许多国内外著名的理论成果都可以适用于生态移民，本书主要列出以下和生态移民活动紧密相关的理论。

（一）公平理论

公平理论最初是基于心理学的观点提出的。这个理论侧重于研究人们对来自社会的公平感、合理感的追求程度。

公平理论指出：一个人表达意愿以及采取行动的积极性不仅受实际财富等物质性的影响，而且还受外界对其行为评价的影响，这是由人的“比较”心理驱使引起的。即便在外界看来自身的待遇已经足够配得上自己的表现，但如果在与同层级的人进行比较后仍感觉自己受到了不公平、不合理的对待，那么他仍然会产生一种消极的心态来应对接下来的工作，甚至会产生抱怨、报复的激进行为。因此，人类更多的是追求一种与公平相关的“感觉”，而不是实际的物质分配。反面考虑，如果一个人认为自己受到了真正足够的公平性、合理性的对待，即便获取的实际报酬很少，他也不会产生不公平的心理。在当今物质横行的年代，人们这种比较的心理更为强烈，总会有意识无意识地拿自己的劳动成果所对应的报酬与他人进行比较，并判断自己是否受到公平对待，这大概也是“虚荣心”的表现所在，而这种“虚荣心”将直接影响员工的动机和工作效率。因此，无论是从理论角度还是从现实角度来讲，对人们动机激发的过程就是将此个体与其他几乎处于同级的个体进行比较，做出此个体是否受到公平对待的判断，进而采取措施指导该个体做出合理工作行为的过程。

公平理论的主要内容包括：财富分配的合理性以及公平性对员工效率的影响①。财富分配的合理性一般包括职工本职工资和额外的奖金，同一层次的员工付出相同的劳动与智慧就应得到相同的工资，如果同一行业相同层次的劳动报酬同时下调，职工也许并不敏感，因为他们没有同类的评比标准，但如果仅有某一些职工的工资低于他们应得工资标准，这些员工就会产生不公平感；但如果是自己的工资高于应得标准，他们并不会产生强烈的不公平感，反而会通过“赞美”自己及时说服别人和自己。公平性对员工工作效率的影响非常大，这里指的是遭遇非公平对待的员工，而产

① 姜雁斌．交易成本视角下的包容性发展促进机制及其对社会满意度的影响［D］．杭州：浙江大学，2012.

生的影响也是负面影响，比如工作积极性下降、做出报复公司或其他员工等恶劣行为。因此，公平理论的运用对公众积极参与社会行为极其重要，包括运用到本书论述的生态移民活动中。

亚当斯认为，一个人是否对工作充满热情，主要取决于他或她感受到的公平性。每个人都会自觉不自觉地进行这种横向比较，这种横向比较的主体、客体均来自同一社会，被称为社会比较。社会比较被定义为：一个个体所付出的工作投入（包括直接的时间、精力投入和间接的身体消耗、教育程度高低的投入）与自身获取的报酬（包括物质上的实际报酬和精神层次上的激励性报酬）的比值与另一个与其处于同层次的个体的投入和报酬的比值进行的比较。社会比较是每一个职工常用的比较方式。而另一种被职工常用的比较方式是纵向比较，纵向比较也是对投入和报酬的比率进行比较，不同的是该种比较方式是对同一个体在历史上不同时期的比率进行比较，意指自己受到的该种比率对待是否随着自己投入成本的增加而增加，如果自己的投入稳定或者增加了，而投入与报酬的比值却下降了，这时自身就会产生一种被不公平对待的感觉，这种感觉会随着时间的变化而发生演变，因此也被称为历史比较。

当一个人感受到上述不公平待遇时，可能会产生三种结果：第一，放弃公平正义感，自我安慰，自我解释，主观创造公平错觉，以此来说服自己内心所渴求的正常标准；第二，采取积极行动索要和别人同样的报酬和待遇，或者要求降低自己的付出；第三，可能采取极端的行为破坏公司的正常活动。对可能发生的三种结果进行分析，不同的选择造成的结果相差很大，合理地将公平理论运用到社会群体中可以有效避免恶劣局面的出现。对比到生态移民活动中，每位移民的意愿和自身条件均不相同，政府或者社会组织要公平地对待每一次迁离的局面，在物质保障和精神需求层次上都尽量保证合规合矩，这样才能推动生态移民活动的良性发展。

用公平关系式来表达，设个体当事人 a 和被比较对象 p，则当 a 感觉到公平时有下式成立：

$Op/Ip=Oa/Ia$

式中：Op ——自己对所获报酬的感觉；

Ip ——自己对个人所作投入的感觉；

Oa ——自己对他人所获报酬的感觉；

Ia ——自己对他人所作投入的感觉。

当上式为不等式时，也可能出现以下两种情况：

（1）$Op/Ip<Oa/Ia$

在这种情况下，他可能要求增加自己的收入或减小自己今后的努力程度，以便使左方增大，趋于相等；第二种办法是他可能要求组织减少比较对象的收入或者让其今后增大努力程度以便使右方减小，趋于相等。此外，他还可能另外找人作为比较对象，以便达到心理上的平衡。

（2）$Op/Ip>Oa/Ia$

在这种情况下，他可能要求减少自己的报酬或在开始时自动多做些工作，久而久之，他会重新估计自己的技术和工作情况，等他觉得确实应当得到那么高的待遇，于是产量便又会回到过去的水平了。

除了横向比较之外，人们也经常做纵向比较，只有相等时他才认为公平，如下式所示：

$Op/Ip=OH/IH$[①]

式中：Op ——对自己报酬的感觉；

Ip ——对自己投入的感觉；

OH——对自己过去报酬的感觉；

IH——对自己过去投入的感觉。

---

① 即只有现在的报酬与付出比例与过去相一致时，职工才会觉得公平。公式中“O”为报酬，“I”为投入；“H”为过去。OH/IH 是自己与自己过往的一个产出与投入的绝对比较，也可叫纵向比较。

当上式为不等式时，可能出现以下两种情况：

（1）$O_p/I_p<O_H/I_H$

当出现这种情况时，职工就会有不公平的感觉，从而导致工作积极性下降。

（2）$O_p/I_p>O_H/I_H$

当出现这种情况时，一般情况下人们不会产生不公平的感觉，也不会主动承担更多的工作。实践证明，不公平感的产生，是由两种原因所致：第一种，a 个体与同层次的 P 个体比较后认为自己报酬过低而产生，这种因素占据的比例比较大；第二种，a 个体与同层次的 P 个体比较后认为自己的报酬过高而产生，这种因素占据的比例非常小。

不公平感的产生及感觉程度主要受以下几种因素影响：

第一，它与个人的主观判断标准有关。

第二，它与个人所持的公平标准有关。

第三，它与绩效的评定有关。

第四，它与评定人有关。

公平理论作为一种可以研究人内心所受公平的感觉的方法，自然可以适用于生态移民中对移民内心所持公平感进行研究。公平理论对生态移民可持续发展的理论研究支持如下：

公平问题是每个社会成员都会考虑的问题，人们所进行的一切社会行为都需要公平对待；否则，社会将会动荡不安。作为社会交际的一员，我们每个个体都会自觉或不自觉地进行这种横向或历史的比较，以此判断我们是否受到公平或者不公平的对待，通过比较判断出的“感觉”将会直接影响我们接下来的动机和行为。在生态移民活动的过程中，每位移民也必将作出这种水平或垂直的比较，比如，对移民前后生态环境的优劣、生活水平的差距、经济、教育等获取的程度进行横向或纵向的比较，当移民后的投入（对生态、生活成本等的投入）与收获（对生态、经济、便利等的期望值）的比率大于移民前的投入与收获的比率，移民就会感受到公平，就会满足于当前的移民政策；反之，当该比率低于移民前的比率，移民就会感到自身受到了不公平、不合理的对待，就会不满意当前的移民政策，产生消极情绪甚至做出激进的破坏行为。因此，促进移民活动的正常展开，关键在于通过公平理论激励移民进而产生公平感，即通过每位移民之间的比较，对相同层次的移民给予相同的保障，只有这样才能引导移民快速融入新的移民地区并进行高效的生产活动。

有公平出现就会有不公平产生，在生态移民实施的过程中必然会出现不公平的现象，如果该类不公平是无法避免的，或者避免后付出的代价严重高于个别不公平的损失，那么政府或者实施生态移民的组织就要尽量在其他方面进行足够的补偿，以此来真正避免不公平现象的出现。

（二）贫困性理论

目前国内外学者对贫困的界定有很大争议，各种界定也比较模糊。主要是贫困涉及的因素较为广泛，比如从经济、社会、文化、心理和生理等方面都能对贫困一词进行理解。个人的经济状况、文化程度、心理健康程度不尽相同，因此，不同类型的个体从不同角度理解贫困就会出现不同的贫困类型，这是一种横向比较的理解。通过纵向理解贫困也会有不同的结果，比如不同时期的人对不同历史阶段的贫困含义理解也不尽相同。

从经济学角度定义贫困是最为常见的现象，在经济学领域，学者将贫困定义为：由于收入水平较低，不足以支持基本的生活需求而导致的一种生活贫瘠的状态①。因此，大多数学者将贫穷定义为缺乏支撑基本生活需求的能力；部分学者将贫穷定义为家庭成员的经济收入不足以支持整个家庭行使基本的社会行为的情况。一般来说，贫困是因为收入过低引起的，无法支撑基本生活需求或者不足以支持整个家庭行使基本的社会行为。然

① Rowntree M. Poverty: A Study of Town Life［M］.London: Macmillan, 1901.

而，如何定义基本的社会行为，不同的学者又有不同的理解，这就是为什么至今学术界没有一个被人们普遍接受的评价贫困的标准。

贫困首先是来源于经过相对比较后产生的一种感觉，当这种感觉持续许久且越来越多的人开始产生这种自身贫困的感觉时，贫困就会演变成一种被公众认知的实际现象。贫困是相对的，它既可以来源于现实比较，又可以来源于历史比较。现实中，通过和周围的群体进行比较，会产生一些自认为物质短缺、精神匮乏的贫困群体；随着社会整体生活水平的提高，人们的需求层次也会提升，当人们的需求层次增长幅度高于社会水平提高的幅度，人们就会感到贫困，就会认为所拥有的物质和精神不能满足于当前。贫困除了具有众多经济特征，还具有一系列的社会特征。因此，为了研究贫困的整体原因，仅仅从经济学角度释义贫困是远远不够的。随着社会的变迁，学者和相关部门要加大从社会角度来理解贫困。

世界银行在其发布的《世界发展报告》中指出："某一个体没有经济能力获取被公众认为的基本食物时而处于的生活状态就是贫困所在。"该报告将其定义为"缺乏基本生活需求的能力"，但是对基本的生活需求不能仅仅从经济角度考量，还要综合考虑缴纳基本社保的能力、获取基础教育的能力、使用公共资源的机会等多种因素。

从这个角度来讲，该种定义较为人性化，基本上可以被公众接纳，但随着社会的发展，引起贫困的因素肯定会越来越多，越来越复杂。所以，接下来相关学者需要进一步对界定贫困的标准进行具体化和明确化的研究。

贫困理论作为一个宏观理论的形式存在于各研究领域中，还有许多以贫困理论为基础进而细化的分支理论，本书给出以下几种和生态移民相关的几种分支型贫困理论。

1. 贫困环境理论

贫困环境理论是最为贴切生态移民的贫困理论，该理论主张生态环境的先天性落后和后期人为性破坏是导致当地人们贫困的关键因素。学者对该理论的解释一般从两个角度进行：

（1）发展要素不足理论

该理论主要对资金支持程度、科技发达程度、资源贫富程度、教育优劣程度等方面在不同地区进行对比，进而找出影响该地贫困的影响因素及其对贫困造成的影响程度。比如，之前有学者曾将全国600多个县按距离划分为六个片区，通过对六个片区进行上述因素的逐一比较，找出发展要素的不足，最终提出因地制宜的扶贫规划方案。

（2）贫困状况理论

贫困状况是对贫困地区的规模、地理位置、自然环境等因素进行系统分析得出的贴切于实际的数据模型，通过数据推导出导致贫困的因素以及摆脱贫困的途径。

2. 贫困恶性循环理论

贫困恶性循环论（theory of vicious circle of poverty）是美籍爱沙尼亚经济学家、哥伦比亚大学教授讷克斯于1953年在其著作《不发达国家资本的形成》一书中提出的关于资本与经济发展关系的理论①。贫困恶性循环理论主要从供给和需求两个角度来论述：

（1）供给角度

如果国家对资本的管控不合理就会形成资本恶性循环。在发展中国家，由于人们的生活水平不高，很多地区的人民解决温饱问题都已经很艰难，就会把仅有的资金用于购买基本的生活需求品，很少将钱存入银行。人们存入银行的钱越来越少，一些资本家从银行获取贷款进行资本运作就很艰难，资本运作不流畅，公司生产规模就难以扩大，公司生产的效率就会降低，生产效率降低就会直接导致职工的收入降低，收入越来越低就会

① 讷克斯．不发达国家的资本形成问题［M］．谨斋，译．北京：商务印书馆，1966.

致使更多的人走向贫困，从而形成“低收入—低储蓄—低贷款—难以扩大规模—低效率—低收入”这样一个贫困的恶性循环。

（2）需求角度

由于发展中国家的人均收入较低或者贫困人口较多，人们仅有的少量的钱大部分用于购买食物，对其他快速拉动经济增长的物品没有购买能力和消费能力，较低的购买能力导致该地区的投资越来越少，投资少就会使得当地资金不足，资金不足又导致当地商业规模难以扩大，进而逐渐引发低生产率和低收入。这样就形成“低收入—低消费能力—低投资—资本不足—难以扩大规模—低效率—低收入”的恶性循环。

从上述两种链条可以看出，低收入的人容易陷入贫困恶性循环中，该循环是社会发展的一个过程，低收入的人们无法靠自身从链条中逃脱，唯一的方式只有靠国家进行宏观调控，对贫困地区进行大力扶持，进而从外界将链条切断，才能改变贫困的现状。

（三）人力资本理论

该理论最初来源于经济学，但人类的社会活动处处受经济的影响，该理论后期被广泛应用于扶贫理论的研究中。而在我国，这种理论也被适用于生态移民活动中。人力资本理论就是研究如何将人力资源开发到极致，并且该理论认为物质性的贫困是一种假象，这种假象是由于人力资源开发不足所引起的。

对比到生态移民活动中，如果把移民区的人力开发出来去维护生态平衡，当地生态环境就不至于逼迫人们做出迁移的行为。人口迁移的成本很大，不仅会消耗国家和社会的大量资源，而且把当地人口进行迁移也不利于生态环境的后期维护，关键在于把当地人们爱护环境、促进生态平衡的习惯培养出来。由于生态环境极其恶劣，不足以支撑当地大量人口的需求，可对其部分居民进行迁移，从而形成生态平衡的局面。

（四）外部性理论

生态移民政策是西部部分环境恶劣地区人民的长久发展和生存之路。对生态移民的研究要考虑其原因的形成，而探索这些原因的形成就要运用到外部性理论。

外部性理论又称为外部成本理论、外部效应理论或溢出效应理论。外部性又分为正外部性（或称外部经济、正外部经济效应）和负外部性（或称外部不经济、负外部经济效应）。正外部性是为了追求自身利益向外扩展寻求边际利益的行为；负外部性是为了使对方利益最大化进而缩小自己的边际利益。生态环境的破坏是由于移民追求自身的边际利益所致，属于正外部性。生态环境是个人和社会的共有利益，个人的动机和行为是动态的，社会的需求是静态的，个人为了追求私有利益最大化就会过多地追求个人边际利益，甚至掠取生态环境的公共部分利益，因此，生态移民中的个人需求与社会需求之间存在着边际外部效益问题。久而久之，原本属于社会公众的环境利益就会被无数单独的个体瓜分，最终形成生态环境被破坏的局面。对外部性理论进行考究有助于合理控制边际利益的分配。

（五）其他基础理论

1. 人口迁移理论

人口迁移是一种社会现象，有古代因战争而逃难的迁移、近代的逃荒迁移和当代因生态破坏而进行的迁移，因此，人口迁移伴随着人类进化而不断发展。人口迁移受牵制的因素很多，各个学者从不同的角度进行研究，这也是学术界至今没有一个明确的人口迁移概念的原因。

目前学者主要研究受迁移的影响，在不同时期人口在空间位置上的分布及变化。“联合国多语种群体词典”为人口迁移提供了一个被广泛接受的概念：“人口迁移是指不同地区人口的地理和空间流动。”这种定义较为抽象，因此，可以容纳多数学者的观点。但要想把该理论具体运用到实践中，还需要对该定义进行细化。比如，对人口迁移的时间长短进行研究，可以将其分为短期迁移和长久迁移，这种分类研究有助于移民保障体系的建立。人口迁移总会随着社会的发展而表现出一些规律，这些规律是其他社会系统共同影响的结果。通过梳理发现，人口迁移主要有以下几个规律：

（1）迁出地和迁入地的社会结构差别越大，发生移民的概率越高。比如城市和农村之间，两地在经济支柱、生活节奏、地理环境等方面具有很大差异，近些年农村居民往城市迁移的数量非常庞大，但目前也出现了城市居民因厌倦城市喧嚣的生活等原因迁往农村的现象。究其原因，便是农村和城市的社会结构存在很大差异。

（2）不同群体特征的移民迁移趋向不同。移民的受教育层次、年龄、工作职位、性别等不同群体的移民趋向有很大差别，而现实中往往形成同一群体的自愿移民的迁移流。比如，同一年龄段的青年或中年结伴不定期迁往大城市务工或者富裕群体结群迁移至景区别墅区，这些迁移群体都具有一定的相似特征。

（3）干扰移民活动的因素越多，越难以形成迁移流。移民活动的障碍直接决定了移民活动是否可以形成规模，移民限制越多就会将移民群体的特征划分得越细，移民活动也就难以形成规模状。

（4）迁移活动受经济因素的影响很大，某一地区的移民活动进行后，就会出现另一经济层次的人们迁移到原移出地。任何地区都有其自身的吸引力，只是主导经济的方式不同，原居地人们迁离后，其他地区的人口也会随着自身的经济情况迁入移民区进行人口和经济上的补偿。移民的规模受经济的制约，当经济发展出现停滞或倒退时，愿意迁移的人口就会变少；当经济发展鼎盛时，产生迁移思想的人们就会增多。

（5）在自愿移民领域中，随着时间的推移和历史的发展，移民活动的规模以及移民的流动性就会逐渐增强。这和人们思想的开放程度有关，随着时间的推移，越来越多的人不满足于自身生活已久的地方，带有一种

“尝试”的情怀迁离原居地。

（6）移民活动受一国社会形态的影响。随着社会的发展，一个国家会出现不同的社会形态，而每一阶段的移民规律都不尽相同。在原始社会阶段，人们的追求是满足于解决饥饿，人口迁移直接受野果和猎物分布的影响，换句话说，在原始社会，环境因素直接影响着人们的生存和发展。在奴隶制社会发展阶段，由于奴隶制社会从原始社会过渡过程中出现了私有制，社会上出现了剥削阶级和被剥削阶级，而劳苦大众就是被剥削阶级，这部分群体的迁移活动一般是由于为生计而被迫迁入奴隶主生活的区域。封建社会经济发展的典型特征是自给自足，独立自主的经济结构组织，满足自身需要。因此，这个阶段的人们在满足生存的前提下很少有移民的思想。资本主义阶段的移民一般是短期移民，在那个阶段，土地属于资本家所有，资本家将土地出租给农民，农民定期劳动并获得工资。农民大多是在农忙时期前往资本家居住地出卖劳动力，劳动完成后再返回原居住地，很难形成永久性移民。我国正处于并将长期处于社会主义初级阶段，虽然经历了从农业时代向工业时代的转变，但农业文明在我国历史上占有非常重要的地位，现代农业文明的实现，不仅满足了人类对能源、资源的需求，同时也推动了经济增长方式的转变。在农业文明的社会阶段，土地是农村人口赖以生存的物质条件，早期土地的不流动性决定了人们难以离开农村发生迁移活动；近年来随着土地政策的改革，土地可以发生流转，一些不愿继续务农的农村人口通过将土地流转出去，离开农村寻求新的发展途径，这一政策大大促进了移民活动的产生。同时，人口迁移在调整人口的密集度、促进文化交融、发展经济、实现各民族的融合等方面均有巨大作用。

人口迁移的理论可以适用于生态移民理论的研究中，对生态移民活动展开的支持主要体现在以下两点：一方面，人口迁移理论属于比较宏观的理论研究，其内涵应包含生态移民，在生态移民实施的过程中可以起到宏观的指导作用；另一方面，在生态移民展开的过程中主要受到移民倾向、地理环境、规模大小等方面的限制，而人口迁移理论对上述诸多方面都有研究，因此，人口迁移理论对生态移民问题的分析具有重要意义。

2. 生态恢复理论

生态恢复学不同于生态学，前者注重生态恢复理论的研究，后者是对整个生态系统的研究。从研究范围上来讲，恢复生态学应归属于生态学研究的范畴。恢复生态学主要研究生态被破坏或者自身退化的原因、生态发展更新交替的自然规律、如何更好地恢复被破坏的生态环境以及如何使恢复后的生态环境创造更大的利益。生态恢复学不同于自然科学和人工科学，生态恢复学是一门研究人与自然如何保持协调平衡的综合性生态学；而自然科学和人工科学在生态恢复领域主要在实践方面发挥作用，比如生态恢复学研究出恢复生态的途径，自然科学和人工科学研究如何通过科学手段将该途径付诸实践。恢复生态学作为研究人与自然如何和谐相处的综合性生态学，它将人与自然的相处关系从历史角度划分为三个阶段：

（1）第一阶段是大自然将资源直接赠予人类，这种情况主要发生在原始社会。

（2）第二阶段是人类与自然激烈对抗的过程，基本处于近现代社会，人类随着社会的发展，不满足于大自然的馈赠，为了实现更高层次的物质和精神需求开始打破人与自然的平衡模式，过多地掠取自然资源，通过改造自然实现人类的某种需求。

（3）第三阶段是目前人类即将进入的一个阶段，即通过第二阶段的发展，人与自然的利益相处长久处于倾斜而变得不和谐，为了长久生计考虑，人类对大自然开始变得不那么具有侵略性，想要通过和谐相处的模式与大自然共同形成可持续发展的目标。

而生态恢复学的理念就是在这种背景下应运而生的，也可以说生态恢复学的理念是对第二阶段不和谐相处的补充，人类仍然要发展、仍然要开发利用自然，但要科学开发、科学利用。第二阶段的开发实践给人类敲响了警钟，也促进了生态恢复学的快速发展。在实践中，生态的恢复需要大量的理论指导。生态恢复的途径有两种，一种是将被破坏过的生态系统还原成原来的状态，在人力和科学的扶持下进行自我恢复，这种恢复方式的成本相对较低，但困难之处在于被恢复后的生态环境仍然以自我维持为主，再度被破坏的概率较大；另一种恢复方式是通过人为建造一个新的相同规模的生态系统，这种方式不仅成本大而且要考虑建造的生态系统能否完美地融入周围的生态环境系统中，虽然可以依靠科学技术进行检验和测量，但仍会出现许多不可预测的因素干扰到新建生态系统的后续维持。

人类和大自然之间是一种“相爱相杀”的关系，人类在改造大自然的过程中又担负着保护大自然的责任，人类对大自然的爱与恨是肉眼可见的，而大自然对人类的爱与恨是隐性的，反而后者的“行为”更可怕。因此，为了改善二者之间的关系，要加大二者之间互动机制的研究。人类的一系列行为，诸如衣、食、住、行等各方面都是影响生态环境的因素，如果这种干扰过于强烈就会造成生态环境系统的退化甚至快速覆灭。生态恢复学更侧重于研究人类干扰大自然自身发展的类型和程度，美国等发达国家普遍将生态恢复定义为：人类依据意愿改造某一区域环境，以此建立一个稳定、有序的生态系统。

生态恢复学中的自生原则是生态移民的直接理论支持，生态自生原则主要是指生态系统通过自身的调节能力维持生态系统的相对稳定，从而谋求人与自然的和谐统一。顾名思义，自生原则是不借助人力等外界因素的一种“自我疗伤”的方式，通过自身反馈的信息对创伤进行及时补救，逐渐形成稳定的结构。如果生态系统不能通过自身调节维持稳定，就说明外界因素对该部分生态环境的干扰较大，打破了这种自我调节的结构。这种原则主要适用于生态系统未被严重破坏的情形下。但不是所有生态系统都能通过自身调节维持相对稳定，对一些脆弱的生态地区，比如西部部分干旱地带的生态系统本身就过于不稳定，很容易被破坏，这时就需要外界因素进行“正干扰”，以巩固它的稳定性。

3. 生态经济理论

生态经济理论就是研究如何保证生态和经济共同发展，该理论既可以适用于生态学理论研究又可以适用于经济学理论研究，属于二者的交叉学科。生态学更注重研究自然，经济学更注重研究社会经济，生态经济学就是综合考察二者的客观世界。随着社会的发展，科学技术和科技产品应运而生，社会经济也快速提升，人类增大了对大自然的改造能力。正是随着人类改造自然能力的加强，环境破坏的速度也大幅上升，并且被破坏的区域也逐渐扩大。中国人口基数较大，人口增长速度较快，正面临着环境、粮食等资源的严重短缺，为了解决上述问题，很难单独从生态学和经济学的角度探究其原因和解决途径。只有将生态学和经济学二者结合起来进行研究才能探索出一条既能解决生态命运又能解决经济问题的最终方案，正是在这种背景下产生了生态经济学。经济发展过程中，经济总量会越来越大，但当经济的增幅低于生态环境破坏的幅度，这时国家就应减慢经济发展的速度，否则就会加快生态环境退化的速度。

生态经济学研究的内容除了生态环境的保护与经济学的关系外，还包括资源消耗度、环境退化度、治理环境的经济成本以及由此引发的相关环境效应。除此之外，生态经济学侧重于研究与人类相关的经济行为和其他生态系统的形成规律，以探索生态经济轨迹，并最终找出平衡自然生态系统和人类经济行为协调发展的途径。

生态经济学的相关学者将自然生态系统与社会经济系统的关系分为三类：

第一类是自然生态系统与社会经济系统处于协调发展的状态①，二者

① 赵景柱，欧阳志云，吴钢．社会—经济—自然复合系统可持续发展研究［M］．北京：中国环境科学出版社，1999.

相互促进，彼此依存，这也正是目前我们所追求的状态。

第二类是自然生态系统与社会经济系统处于矛盾的状态[①]，即二者任意一方发展时总会损害到另一方的正常发展，但还不至于是“你死我活”的程度，彼此损害的程度较浅，我国目前大致处于这个阶段。

第三类是自然生态系统与社会经济系统二者之间的平衡彻底被破坏，这种情形是第二类关系演变恶化的结果，也是最具有破坏性的情形，因此，我国必须加大力度平衡二者之间的关系，避免治理不及时导致走入第三类情形。

以下几种生态经济学的相关研究可以指导生态移民理论的研究以及促进生态移民活动的顺利进行：

（1）通过对经济系统和生态环境系统二者的关系进行探讨，指导人们构建可持续发展的模式。

（2）全面贯彻经济再生产理论，指导生态环境再生产和人力资源再生产二者之间的有效融合，实现经济、人力、自然环境的可持续协调发展。

（3）对生态经济学在提高社会生产力方面的贡献进行研究，以此推导生态经济学与生态环境系统之间的互补关系，进而对影响这种关系的因素进行分类，并针对不和谐因素制定相关的解决途径。

4. 可持续发展理论

可持续发展的理念是伴随着环境资源遭到破坏而被近代学者提出的，生态移民是一项与生态环境有关的浩大工程，因此，可持续发展理论可以为生态移民提供理论支撑。可持续发展理念是在20世纪中后期由世界环保组织首次提出，后来西方诸多发达国家为了将环保责任过多地落实到发展中国家，便给可持续发展进行了不公平的定义，其主要目的就是通过控制环境指标从而达到遏制发展中国家的经济发展。近年来，发展中国家为

---

① 马世骏，王如松. 社会—经济—自然复合生态系统［J］. 生态学报，1984，4（1）:1-9.

世界环保工作做出了巨大的贡献。同时，随着发展中国家的经济发展逐渐步入正轨，在实现可持续发展目标的前提下为了满足经济需求，发展中国家开始和西方发达国家进行全球环保工作的探讨，力图将全球环保责任进行公平分配，而不只是将可持续发展理念施加于发展中国家身上。后来世界环境与发展委员会重新定义了可持续发展的理念，将其称为："既能满足于当代社会发展的需求又能对未来后代的生存不产生影响。" 这一定义的公布，多多少少限制了发达国家对发展中国家在生态环保方面的不合理干预行为。

1991 年 6 月，来自世界 41 个国家的领导人在北京举行了 "发展中国家环境与发展部长级会议"，深入讨论了国际社会在确立环境保护与经济发展合作准则方面所面临的挑战，特别是对发展中国家的影响，此次会议发布了《北京宣言》，该宣言指出："可持续发展和生态环境的保护是每个国家、每个民族、每个人民共同关注的问题，我们在此邀请各国加入我们，一起采取保卫环境的行动，以此加深各国之间的合作机会，环境是全世界的，环境保护也应由世界各国共同参与、共同承担责任。我们要考虑当代人民的发展，也要顾及子孙后代的生存需要，我们必须铭记环境保护的总原则和方向，在各个国家发展程度不同、责任有别的基础上，尽到自己国家应有的责任，全力以赴地积极参与到全球环境保护和可持续发展的道路上来。" ① 加入《北京宣言》的各个国家一致同意自己国家将坚持走可持续发展之路，这一宣言激励了世界各国携手共进、共同创造美好蓝天的决心。

可持续发展的含义就是加强生态环境系统的生产能力和自我调节的能力。外国一些专家认为："如果目前的经济发展可以支撑当代人的生存，

① 发展中国家环境与发展部长级会议《北京宣言》[N]. 中华人民共和国国务院公报，1991-08-31.

就不应该去损害子孙后代的利益。”1992 年 6 月在里约热内卢召开的联合国环境与发展大会上通过的《21 世纪议程》对生态环境保护具有划时代的重要意义。该议程通过将社会经济发展和生态环境保护两项工作进行结合，试图制定一个对生态环境保护更加有力的实施框架。《21 世纪议程》的内容非常具有实际意义，不再是集中于理论上的宣言，而是附载了多达 2500 余项各种各样的行动建议，制定出了详细的行动方案，比如如何规制人们浪费资源的行为、如何引导世界各国共同参与到环保工作中等详细提议。《21 世纪议程》的通过对生态环境保护在实践方面起到了重要作用。《21 世纪议程》指出：“《21 世纪议程》的顺利实施需要国家具有可持续发展的水平，人民的环保意识、经济能力决定着议程是否可以落实到实践中。”①

系统科学是一门综合性的学科，它主要研究系统内各个要素之间的关系。系统科学是从一项事件整体的角度出发，分析系统内各要素的性质和变化规律，以达到分析出各个系统的相同点以及演变过程中所依附的共同规律，进而为系统科学在生态环境系统领域的应用提供理论支撑。

可持续性就系统科学的应用而言，主要包括以下几个方面：

其一，运用系统科学探求生态环境系统与经济系统的关系以及保持二者可持续发展的途径；其二，运用系统科学分析经济系统和生态环境系统在生态环境保护方面的再生产能力；其三，运用系统科学分析生态环境系统的可持续发展能力及其自身的调整能力。

目前，我国许多行业已逐渐趋于饱和，但这种饱和是不合规律的，只有数量上的饱和，而没有达到质量上的饱和，因此要加大系统论在各行各业的运用，争取将数量上的饱和经过系统的整合实现质量的饱和，这样才能将资源充分利用，减少对生态环境的破坏。系统论的特点就是整体分析

① 从《中国二十一世纪议程》到《可持续发展行动纲要》[N]. 人民日报，2003-07-25.

问题，而不是零碎地观察问题。从系统论的角度看，世间任何事物都不是孤立的，彼此都存在某种激励或者牵制的关系，系统论就是要将这种关系进行分辨，对人类不利的关系就要进行人为干涉，促进整个系统的和谐、平稳地进行发展。人类与生态环境之间自然是一个庞大的系统，人类与生态环境之间的关系更为复杂。系统论强调人类可以适度干预生态系统的运行，对进化不利的生态系统进行管理和整合，但目的是使其保持与人类的协调发展。人类与任何系统的结合都是处于主动地位的，人类是动态的系统，不仅可以管理、整合自身的发展系统，还能在与其他系统结合时跳出系统的“包围圈”对其他系统进行干预。在这一过程中，人类需要控制好干预手段，以整合出良好的生态环境、合理控制自然资源为目标。但对系统的干预不能仅是对其他系统的干预，人类也要规范好自身的行为，比如控制好人口数量，提升人口的质量，否则一味地对生态系统干预而不约束自身的行为，整个生态系统依然不会达到平衡。

系统论分析出了直接困扰贫困地区的主要因素，包括人口的快速增长、资源的浪费、资源的过度开发、生态环境的破坏。因此，接下来国家要针对上述问题进行针对性的解决，而不是仅从资金方面加大力度，要全方位地采取措施。可持续发展理论对生态移民的理论支持主要包含以下两个方面：

（1）可持续发展理论对如何研究西部大开发起到核心支持的作用，在生态移民过程中引入可持续发展理论对具体实践的展开起到了重要的指导作用。

（2）可持续发展理论对生态移民的运行起到具体的指导作用，是迁出地和迁入地平衡发展的理论支撑。

可持续发展理论具有深刻的内涵，包括以下几个层次：

其一，可持续发展的协调性。可持续发展的典型特点之一就是具有协调性，协调发展主要指的是经济和生态环境之间的相互协调发展，当然随着社会的发展，某一对象的发展受牵制的因素也越来越多，因此这里的协调发展具体上也包括生态环境与文化、政治等之间的协调发展。当然，协调发展不仅局限于各元素之间，各个大的系统之间也要求协调发展，比如国家与国家之间、地区与地区之间，以及两个不同层次区域之间都要满足协调发展的要求。在众多协调发展的系统中，人类之间的协调发展是其他所有元素之间、系统之间协调发展的前提，只有人类之间协调发展得顺利，才能推动其他元素和系统之间的协调发展。

其二，可持续发展的高效性。这一特性的出现是建立在可持续发展协调性的基础上，只有生态环境系统与其他系统协调发展的顺利，才能保证可持续发展的高效性。可持续发展理论中的效率不同于其他理论中的效率，前者中的效率尤其注重在与其他系统协调发展的基础上保持所有系统发展的高效性，而其他理论中的效率只注重本系统内部的效率，比如经济学理论中的效率只注重提升经济增长量，尽管有时会注重协调发展，但也仅限于“经济”范围内的协调，而不会关注与其他系统的关系是否可以长久发展。

其三，可持续发展的公平性。研究可持续发展的公平性仍然必须从要素和系统的关系考虑，但各要素之间的公平性不好规制，国家目前主要对各系统进行公平性的管制。比如人类系统的公平性、社会系统的公平性、国家之间的公平性等。由于各个区域的社会发展不一致，导致整个社会发展呈现层次性，也加剧了区域社会之间的不公平性。对于我国社会发展落后的区域，国家要加大扶持力度，在可控范围内尽量将社会发展的差距缩小。而且国家与国家之间的发展程度不同，在众多国际合作领域，发展落后的国家总会受到排挤甚至限制话语权，这也是不公平的体现。可持续发展理念对公平性有两个要求：一方面，从历史角度分析，生态环境资源不仅是当代人的共有资源，同时也是后代子孙的共有资源，今天我们所有有关消耗资源的发展都必须进行一定程度的限制，在满足当前人们需求的同时不应该消耗后代的资源，否则这种破坏对后代来讲也是不公平的表现；另一方面，从当前社会角度分析，现存资源是全人类的资源，某一区域的发展不能以损害其他地区人们的利益为代价，这种发展行为对其他区域的人们也是不公平的表现。比如，空气污染、水质污染等。

其四，可持续发展的共同性。可持续发展的共同性指各系统之间的共同发展，一国内的不同地区以及各个国家之间都要保持共同发展。每个大的系统都是由无数小的系统组成，如果小的系统发展不顺利就会造成整个系统发展的无序性，因此，为了实现大的系统之间协调发展，就必须保持各个小的系统共同发展。

西部地区生态移民工程必须以可持续发展理论为前提，进而以“可持续发展的协调性、高效性、公平性、共同性”的深刻内涵为指导，进一步促进生态移民的可持续发展，最终实现西部地区经济、社会和生态环境的共同发展。

5. 人口迁移的推拉理论

一个地区的社会因素是影响人们产生移民思想的根源，主要包括法律是否苛刻、惠民政策是否深得民心、自然环境是否适宜居住等因素，这些都是探索移民迁移驱动机制所要考虑的因素。驱动机制的产生分为两部分：一类是正向驱动，另一类是负向驱动。所谓负向驱动是指因迁离地的社会环境较为恶劣而导致人们自愿迁离原居住地的一种现象；正向驱动是指某一地区的社会环境适宜居住，吸引人们迁移过去的一种现象。负向驱动在学术界又被称为“推力”，学术上将其定义为：一些阻碍原居住地生态发展、经济发展的因素，包括市场环境混乱、政治腐败、生态环境恶劣、自然资源短缺等因素。这些因素的存在对人们的生存逐渐形成排斥力，使当地人们被迫发生迁移活动。正向驱动在理论上被称为“拉力”，学术界将其定义为：吸引人们迁移此处的动力。比如，经济发展快、生态环境优美、劳动力需求大等因素①。

随着学术研究视角的深化，人口迁移的“推拉理论”更倾向于探究移民动机。该理论认为，原籍人口的迁移是被推或拉的。这种方式确实有利于移民动机的探究，但在一定程度上弱化了对移民主观意愿的研究。事实上移民活动不仅受“推拉”的影响，“推拉”的动力主要体现在物质方面，但主观意愿对于最终是否发生移民活动同样重要。即便在同等程度“推拉力”的影响下也会有部分群体不愿意选择移民，这就需要对移民的主观意愿进行研究，进而结合“推拉理论”，采取主客观相结合的研究方式对为何发生移民活动进行深入了解。虽然“推拉理论”容易受到不同学者的质疑，甚至被批判和放大，但在研究生态移民和实施生态移民工程的过程中，“推拉理论”为我们在研究西部地区生态移民相关问题时，能够客观、全面地分析生态移民过程中存在的问题，从而使生态移民工程得以顺利开展，带来了许多借鉴和重要启示。

6. 生态移民制度选择影响因素理论

生态移民并不是简单地改变居民原来的居住地，它涉及生产和生活方式的改变、预期生活前景的判断、从移民地进出的结构性影响以及移民社会的管理。为了生态移民工程的顺利展开，政府和移民组织需要对迁出地、迁入地的各种可能影响生态移民活动的因素进行详细调研，并做出切实可行的方案。一个系统的开发和实现需要很大的开发成本和实现成本，生态移民作为保护生态环境系统的一种行为，它的实现意味着对区域生态系统的变更，这种变更涉及庞大的社会系统，需要考虑整个社会系统的影响，因此，生态移民活动是一项艰巨的工程。在生态移民政策方面，影响生态移民制度选择的主要因素如下。

第一，生产方式因素。迁入地的生产方式是移民首要考虑的因素，一

① Lee, Everett S. A Theory of Migration［J］. Demography, 1966, 3(1): 47-57.

个地区的生产方式决定着该地的经济发展水平，进而决定着移民迁入该地后的家庭收入。对迁入地生产方式进行考察有利于合理调动移民的迁移意愿，进而推动生态移民活动的顺利进行。

第二，生活方式因素。生活方式简单来讲就是指生活习惯，移民在原居住地生活已久，已经习惯于原来的生活方式，如果迁移后的生活方式受到较大改变就会不利于移民活动的展开。政府和移民组织要事先了解两地的生活方式并做好统计，尽量能满足移民的生活习惯。如果受迁入地社会因素的影响无法满足移民的生活习惯，就有可能降低移民的规模。

第三，法律因素。在法治社会中，以基本大法的形式承认和保护公民的行动自由已成为人类的共识。但是，由于特殊的历史原因，现行的《中华人民共和国宪法》（以下简称《宪法》）没有规定公民的移民自由。在这种情况下，政府的单边移民安排似乎是更合理的制度选择。然而，我国现行的政府控制模式也同样存在，不可避免地存在与移民相关的法律困境。

第四，资源因素。大规模移民的空间迁移，虽然减轻了草原的生态压力，但不可避免地会导致移民迁入地的生态承载力下降。这些资源因素包括基础设施条件、就业环境、教育资源等。如果在其他人口聚集区重新定居，还必须考虑移民对移民点的资源影响和社会影响，移民能不能给当地居民带来福利。因此，如果政府的实施受到阻碍，将不可避免地导致资源获取和配置方面的巨大困难。

第五，经济因素。需要移民的地区不仅是生态脆弱地区，而且是穷人集中的地区。由于长期生产力低下，这些地区不仅没有稳定的积累能力，而且缺乏基本的生存能力。在这种情况下，如果仅仅从制度上支持自由移民，就不可能实现居民的自动移民。因此，基于外部资源投入的激励是不可缺少的选择。目前，西部地区生态移民项目也主要由政府提供财政补贴。财政补贴成为主要的资源供给，客观上阻碍了政府经营模式的预期效果。一方面，政府的财务积累受到很多因素的影响；另一方面，政府支付也必须得到选民或选民的批准和监督。在实施移民计划时，不仅要给予移民合理的补偿，而且必须与移民居民达成交易条件。所有这些都要求政府的财务供应满足优化目标。此外，政府在实施过程中必然会导致寻租行为的出现。

第六，人为因素。如上所述，我国生态移民的对象大多属于西部地区人口。伴随祖辈的传承，人们的宗教信仰、民族风俗、社会关系、价值观等逐渐形成和发展，当地群众的思想和习惯比较固定，很难通过教育得到改善。这种历史存在的人为因素也在影响生态移民活动的展开。

第三节　生态移民研究的内容和任务

一、生态移民研究的内容

生态移民研究的内容非常广泛，包括广义上移民的原因性分析、移民途径等方面的研究以及狭义上移民前后各种经济学分析、移民模式的分析等。具体的研究内容主要包括以下几个方面：

（1）诱发移民产生生态移民思想的因素的研究。

（2）生态移民活动的种类及种类分离的依据的研究。

（3）生态移民活动的保障机制和促进体系的研究。

（4）生态移民活动迁移模式的研究。

（5）生态移民的局部和整体迁离、迁入的战略研究。

（6）生态移民意愿遵从性的研究。

（7）生态移民活动的可操控性研究。

（8）生态移民活动实施的组织的主体、特点及策略研究。

（9）生态移民迁入移居地后的物质、精神上的变化的研究。

（10）生态移民迁入移居地后的生产生活方式变化的研究。

（11）生态移民迁出原居地后对原居地的生态变化及文化影响的研究。

（12）生态移民迁出原居地后对原居地的生态恢复的微观效益研究。

（13）生态移民原居地和迁入地的生态经济学研究。

（14）生态移民活动的整体性社会学研究。

（15）移民所依附的文化与迁入地文化冲突及解决途径的研究。

上述具体内容的研究是生态移民理论研究的部分内容，也是对早期理论研究的补充。对上述具体内容的研究有助于生态移民活动的有序进行，也有助于政府在生态移民活动中进行宏观调控。

二、生态移民研究的任务

生态移民研究的任务有很多，但最终的任务仅有一个，就是建立一种既能解决迁离地生态环境问题又能解决移民经济贫困问题的理想途径。概言之，就是通过对生态移民问题进行系统性的研究，从而建立一种既能改善原居地生态环境又能帮助迁移人民解决生活贫困的模式。该种模式在我国已经全面实施。经实践分析，该模式的有效展开，不仅促进了迁入地经济的可持续发展，并且帮助迁离地的生态环境得到快速恢复，促进了原居地的生态效益和社会效益最大化，也促进了生态、资源和人口的可持续发展。具体的研究任务包括：

（1）生态移民的保障机制在法律中的地位及应用程序。

（2）生态移民的实施框架在实践中的可操作性。

（3）如何选择移民时的意愿主体及如何构建合理的移民决策模型。

（4）依据不同区域自然环境的特点构建不同类型的移民模式，并对其可操作性进行考究。

（5）在实践领域中研究生态移民的实施战略。

（6）在理论研究领域中分析迁离地与迁入地的关系。

（7）分析理论研究对于生态移民活动的作用，并结合实践发现理论的不足之处。

（8）建立生态和社会效益的评价体系，并考察该体系在生态移民中的作用。

（9）探究生态扶贫体系和重建体系二者与生态移民体系的关系以及二者对生态移民体系有效展开的作用。

（10）探究生态恢复的规律以及反弹后的对应策略。

（11）探索恢复后的生态效应与经济效应的关系以及对生态脆弱地区的生态和经济发展的作用。

对上述生态移民任务的研究有助于发现生态移民过程存在的问题，及时找到其解决途径。同时，我国目前生态移民任务的研究比较科学，也比较有实用性。

三、生态移民研究的方法

生态移民的研究方法决定了生态移民理论研究的深度和广度，作为一种应用型研究，现实命题对其检验决定了它是否还存在不足之处。生态移民理论的研究与经济、社会的发展均有着紧密的联系，在当今科学和科技高速发展的时代，新型科技以及新兴的科学思想均可以帮助学者对当前以及未来的生态移民领域进行研究。同时，相关学者也必须不断汲取新的科学思想以及学习新的相关科学技术，只有如此，才能及时产生最前沿的研究方法，从而找到生态移民过程中潜在的问题并科学地解决该问题。目前，我国学者在生态移民领域主要采用以下四种方法进行研究。

（一）社会学研究方法

社会学研究方法主要用于分析和生态移民相关的社会问题，比如移民文化与迁入地文化的融合效果、二者冲突对社会造成的影响、移民迁入后的适应性、移民角色和移民生活生产方式的转变。社会学研究方法主要基于各种社会调查渠道，更能总结出生态移民活动中存在的现实问题。

（二）系统论的研究方法

系统论的研究方法起初是为研究自然和应用科学等与其他学科相互交织时所运用的一种研究方式，并盛行于20世纪40年代。系统论是随着时代发展的需要而产生的一种高度集合的产物①。顾名思义，系统是由许多元素组成，这些元素之间形成相互连接、相互制约的关系，并由这些元素构织成一个系统性的框架。系统论的研究方法是对系统中的元素进行规制和抽检的一种方法，它不是文学艺术上的朗朗清歌，也不是数学上的口诀计算和物理上的复杂模拟，而是一种先思考后布局的整体性研究方法。

（三）生态学研究方法

生态学研究方法是最贴切于生态移民研究的一种方法。其参考的理论和受影响的因素均来自生态移民本身，其目的就是运用基础的理论来洞悉生态恢复过程中的宏观生态学理论，进而分析生态移民如何给社会带来较为全面且合理的生态效益。

（四）经济学的研究方法

在移民领域运用经济学研究方法，主要是借助经济学相关理论评析生态移民对移民区、迁入地甚至全社会所能创造的经济利益。

经济学研究方法主要包括区域性分析方法、社会性分析方法、定性研究方法以及项目评价与选择的方法。区域性分析方法主要依据移民区域的生态环境条件、经济条件和移民区域的发展因素，通过探索移民区域的生态优劣、经济状况、地理因素等先决条件，构建出一个包含移民区域的人文地理、生态经济特点的框架，进而对该框架进行体系化的评估和管理。社会性分析方法是从整个社会的经济利益角度考量生态移民的利与弊，该方法的应用受不确定性因素的影响较多，但只有这样才能科学、准确地评

① 林福永.一般系统结构理论［M］.广州：暨南大学出版社，1998：9.

估生态移民的得与失。项目的评价和选择方法是指某项活动的展开主要以项目的形式进行运作，对项目的可行性进行评析。

生态移民运用该种方法进行研究的原因是目前很多移民活动的进行是规模式的，而规模式的移民活动难免会以项目的形式进行，通过对移民项目的评价和选择进而对移民的迁出率和迁入率进行总结，可以制定完善的移民方案，进而对移民提供资金支持和实施有效的组织，最终提高移民项目的整体效率。定性研究方法主要依靠定性的理论和实时性的政策对移民活动进行整体研究，主要包括专家评估、走访调查等方法。当然，经济学研究方法作为各个学科的交叉学科，它可以被应用到所涉及的各个母学科进行研究，同时，也适用于新型的生态移民活动中经济学的研究。

第二章　生态移民社会权保障理论

第一节　社会权基本理论概述

一、社会权概述

社会权具有丰富的内涵和形式，对社会权的保护，首先了解其概念，从概念入手追溯其历史发展的价值来源，明确社会权保护的是什么，再谈对它的具体保护设计。

对于社会权的概念，仁者见仁智者见智，在学界没有统一的说法，据龚向和教授研究，现有的社会权概念大体上有九种之多，有相对稳定一致的内涵和外延的为以下四者，这也是当前对社会权最普遍的解读方式。

第一，有学者认为，“社会权，又称社会权利，是指那些区别于传统的自由权，侧重保护弱者、维护社会公平、要求国家积极作为的经济、社会及文化权利的总称”。[①] 这种观点被视为20世纪出现的第二代人权。

第二，因受德国公法学家耶律涅克关于公民与国家关系的“地位理论”影响，我国台湾地区学界一般将社会权称为受益权。如谢瑞智博士认为，

---

① 上官丕亮．论宪法上的社会权［J］．江苏社会科学，2010（2）：135.

“受益权者，乃人民站在积极的地位，要求国家行使统治权，借以享受特定权益之权利”。①

第三，不少学者将社会权视为积极权利，“就是个人要求国家加以积极行为的权利，这类权利主要是指各种社会福利权利或各种受益权利，如公民的工作权、受教育权、社会救济权、保健权、休假权、娱乐权等”。②

第四，日本学者将自由权与社会权相对应，从自由权的角度来界定社会权，不管在价值、基础、实在化层次它都不同于传统的自由权。他们认为，社会权包括生存权、受教育权、劳动权和劳动基本权。③

所谓概念是对事物本质属性的高度概括，内涵则是概念反映的事物本质属性的总和④。因此，要弄清社会权的概念还要从社会权的内涵，即主体、客体、义务主体以及义务性质这几个方面内容来进行分析。

从主体地位来说，社会权是被动的要求权，根据曼维尔对雅典公民权利的论述，对社会权的享有源自法律对主体身份地位的确认⑤，并且特纳认为这种被动需要由国家自上而下地行动，从而得到支持和肯定⑥。

从客体角度看来，社会权是促成和提供的权利。马克思法学理论认为，产生法律关系通过主体实施一定行为建立，因此社会权的权利客体应当是行为，除了被尊重和保护的基本要求，社会权更高层次的核心是指向国家行为的促成和提供。

按照义务主体以及其性质分析，社会权是国家积极义务保障的权利。社会权不仅需要国家的消极不作为来保障其不受侵害，更需要实现由国家积极保护促进的自我发展（期待利益），否则就只是自由权。与自由权相

① 谢瑞智．宪法大辞典［M］．台北：千华出版社，1993（2）：45.

② 俞可平．社群主义［M］．北京：中国社会科学出版社，1998：83.

③ 芦部信喜．宪法Ⅲ人权・2［M］．东京：有斐阁，1981：220.

④ 麦克伦尼．逻辑学导论［M］．赵明燕，译．杭州：浙江人民出版社，2013：1.

⑤ 吴易风．马克思主义经济学和西方经济学［M］．北京：经济科学出版社，2001：176.

⑥ 吴易风．马克思主义经济学和西方经济学［M］．北京：经济科学出版社，2001：178.

比，国家义务的积极和消极成分，由于在权利实践中的不同地位而有所区别，相较而言，社会权主要以积极义务作为手段①。

通过上述分析，我们可以得出一个明确的社会权概念，即社会权是法律赋予公民享有的需要国家积极行为促进公民自我发展的权利。

二、社会权保障

（一）我国《宪法》中的社会权

从世界范围来看，一般认为社会权包括工作权、基本生活水准权、社会保障权、健康权、受教育权、文化权②，即《经济、社会及文化权利国际公约》所规定的经济、社会及文化权利。对照我国现行《宪法》相关条款的规定，社会权主要有以下几个方面内容。

第一，劳动权。我国《宪法》第 42 条规定："中华人民共和国公民有劳动的权利和义务。"《宪法》第 43 条规定："中华人民共和国劳动者有休息的权利。"第二，社会保障权。《宪法》第 44 条规定："国家依照法律规定实行企业事业组织的职工和国家机关工作人员的退休制度。"退休人员的生活受到国家和社会的保障。《宪法》第 45 条规定："中华人民共和国公民在年老、疾病或者丧失劳动能力的情况下，有从国家和社会获得物质帮助的权利。国家发展为公民享受这些权利所需要的社会保险、社会救济和医疗卫生事业。"第三，受教育权。《宪法》第 46 条规定："中华人民共和国公民有受教育的权利和义务。国家培养青年、少年、儿童在品德、智力、体质等方面全面发展。"第四，文化权。《宪法》第 47 条规定："中华人民共和国公民有进行科学研究、文学艺术创作和其他文化活动的自由。国家对于从事教育、科学、技术、文学、艺术和其他文化事业的公民的有

---

① 龚向和．社会权的历史演变［J］．时代法学，2005（3）：28.

② 《经济、社会及文化权利国际公约》：联合国大会 1966 年 12 月 16 日第 2200（XXI）号决议通过并开放给各国签字、批准和加入，于 1976 年 1 月 3 日生效。

益于人民的创造性工作，给以鼓励和帮助。”

对于基本生活水准权和健康权，虽然我国现行《宪法》没有相关明确规定，但是可将第 14 条中的“国家合理安排积累和消费，兼顾国家、集体和个人的利益，在发展生产的基础上，逐步改善人民的物质生活和文化生活”与第 33 条中的“国家尊重和保障人权”相结合，得出我国公民享有“基本生活水准权”。同样，也可以将第 21 条中的“保护人民健康”与“国家尊重和保障人权”相结合，得出我国公民享有“健康权”。① 现行《宪法》保障社会权的方针与政策越加越多，社会权所包含的内容也相应地得到进一步丰富。

社会权保障在深度与广度的扩展是我国人权行动计划的重点内容。我国自 2009 年起陆续颁布以人权为主题的国家规划——《国家人权行动计划》。随着《国家人权行动计划》的落实，我国社会权保障力度取得了重大进展。以下关于目前我国在社会保障方面优势和劣势的情势分析，对于更好地开展人权行动计划，完善我国的社会权保障体系具有重要意义。

进步:（1）从我国《宪法》对社会权规范的历史溯及来看，我国《宪法》并不缺乏对社会权保障的相关规定，至少在根本法层面让社会权获得了优先保障。中华人民共和国成立以来的第一部宪法——《五四宪法》就开始重视社会权，分别是第 15 条、16 条、91 ~ 96 条做出了有关规定。1975 年修订的《宪法》由于当时的特殊时代背景，否定了《五四宪法》所确立的许多国家重大基本制度和公民基本权利的规定。仅在第 27 条保留了部分的社会权条款。之后的 1978 年《宪法》，与之前相比条款的形式和内容略有变化，主要增加了社会权的权利内容，分别在第 10 ~ 14 条、第 48 ~ 53 条做出规定。现行《宪法》是在 1982 年《宪法》的基础上经过 1988 年、1993 年、1999 年、2004 年四次修改后而成，其中 1993 年将《宪

① 上官丕亮 . 论宪法上的社会权［J］. 法学研究，2010（2）：137.

法》第 42 条第三款“国营企业”修改为“国有企业”时提到了公民的劳动权，2018 年宪法修改案即现行的《宪法》，有关社会权的条案规定上述已写，此处不再赘述。

（2）从社会权的现实保障来看，我国现行的司法实践体现出注重社会权的实质平等的良好态势。我国《宪法》规定中纳入了一些高层次的社会权保障要求，促进了社会权保障的法治化。平等是我国现行《宪法》的一项核心原则，社会权不仅要求形式上的平等，同时更注重实质上的平等保护。例如 2012 年的人权行动计划对城乡劳动者就业平等、农民工与城镇职工同工同酬、实施中西部高校振兴计划、促进教育公平等事项给予了更多的关注。① 对比 2016 年和 2021 年的人权行动计划，社会权保障取得了新进展：劳动权方面完善最低工资标准和工资指导线形成机制；基本生活水准方面以立法保障基本住房权；社会保障方面特困人员救助供养覆盖的未成年人年龄从 16 周岁延长至 18 周岁；健康方面重视智慧医疗；受教育方面关注性侵害和性骚扰、校园霸凌，将人权教育纳入国民教育体系；环境方面对地级以上城市 PM2.5 浓度提出下降指标。这些都体现了公民对社会权的高层次要求。

不足：（1）虽重视社会权，但对保障社会权的社会力量发展不够重视。从对社会权的分析可以明确看出，社会权的保障需要国家和社会的支持与配合，特别是社会力量。在国家社会化、社会国家化、公私法相互融合的今天，仅仅强调国家保障远远不能达至社会权的全面保障。② 在实践中，法律对受保障人群范围的覆盖漏洞等现实问题的存在，都在迫切要求社会力量参与到公民社会权的保障当中，比如鼓励慈善机构开展相关的慈

① 王堃、张扩振．我国社会权保障的回顾与展望——基于两个《国家人权行动计划》的比较分析［J］．法制与社会，2015（4）：191.

② 王堃、张扩振．我国社会权保障的回顾与展望——基于两个《国家人权行动计划》的比较分析［J］．法制与社会，2015（2）：192.

善活动、鼓励义工活动等。

（2）法律对社会权供给不足，《宪法》对社会权的救济相对缺乏，还不能完全适应权利保障的需求。在社会保障权方面，《宪法》虽然有所规定，但只是在总则部分体现，而没有在基本权利那部分规定，只能当作一个纲领性宪法条款，与一般性宣誓保护政策并无区别，充其量只是国家为之提出的努力目标。在学术界存在着不少对社会权司法救济的争议，但从国际上看，司法救济已成为社会权救济方式的一大趋势，除此以外，行政手段的救济也是重要方式之一。这些救济方式虽说在一些比如说劳动、社会保障、教育方面建立了公法救济机制，但在大多数方面还比较欠缺，需要予以关注。

（二）社会权的保护与救济

1. 实体法保护

（1）根本大法——宪法

经过以上分析，法学界的主流观点已经承认社会权属于宪法基本权利范畴，但是在现状下并非被当作法律概念使用，所以，建议将社会权作为基本权利正式写入宪法文本。为了维护宪法的权威，避免频繁修改宪法，可以通过宪法修正案的形式，实现宪法条文的完善，使得社会权拥有明确的宪法规范依据，为以后的司法救济打下基础。同时，在宪法中增设社会权保障的程序性规范来接纳新兴权利，使得公民请求国家积极行为保护获得合法的启动程序。公正的程序本身蕴涵着合理与公平、自由与尊严等法律价值，宪法规范的程序价值在于能为宪法的实施提供充分的内在保障。① 没有相应程序规定的权利，是一种“裸体”的权利 ②。可操作性强的程序性规范能够有效实现公民的具体社会权。

① 刘瑜 . 公民社会权保护的宪法分析［D］. 湘潭：湘潭大学，2008：27.

② 潘荣伟 . 论公民社会权［J］. 法学论坛，2003（4）：31.

（2）普通法——行政法

如上所述，我国宪法虽规定了社会权，但并不能以此为依据请求法院保护，而“行政法的规定让宪法可以在个案中得到贯彻，且变得有生命”①。行政法与宪法一样，基本精神都是保障公民基本权利，限制国家权力，行政法实际上就是“高高在上”的宪法在老百姓实际生活中的延伸，它对我国社会权保障起着重要作用。从社会权国家义务体系看，政府是社会权义务最重要的承担者②。社会权的义务分为三个层次，分别是尊重、保护和给付。这三个层次主要由立法、司法、行政机关执行，最主要的还是依靠行政即政府来实现，当政府违法作为或者不作为侵犯了公民的社会权时，可就该行为向法院提起行政诉讼。在中国，树立宪法层面的社会权可诉性，需要普通法律的承接。“行政立法对宪法社会权的具体化，是社会权司法保护的行政法路径的前提。”③

（3）普通法——专门法

宪法是国家的根本法，这决定了它的规范在很大程度上具有原则性和概括性，而法律则可以成为实现社会权的具体方式，因此，建立健全各级各类社会权法律制度，完善社会权法律体系，是强化我国社会权保障的关键，使得社会权的适用更具有灵活性。根据马怀德教授对我国社会立法现状的分析，在社会慈善、管理社会组织方面还存在着没有相关法律的状况。因此，应当加强重点领域的立法，包括社会组织管理方面的立法、慈善立法、社会福利立法、社会救助立法。④同时，马教授还指出我国社会立法层次不明导致难以满足所有地区的不同需求，容易导致“一刀切”，地方和中央没有相应的配套机制，还应当完善社会立法实施细则，以确保

---

① 陈新民．公法学札记［M］．北京：中国政法大学出版社，2001：96.

② 袁立．中国社会权可诉性的行政法之路［J］．中共南京市委党校学报，2010（2）：67.

③ 袁立．中国社会权可诉性的行政法之路［J］．中共南京市委党校学报，2010（2）：68.

④ 马怀德．中国社会立法现状分析［J］．法治社会，2016（1）：84.

地方的社会权保护措施落实到位，使得中央和地方达到实际的协调一致，同时还能根据地方实际情况发挥地方优势，达到最佳状态。

2. 程序法救济

（1）宪法法院和违宪审查制度

对社会权的司法救济，首先想到的就是设立宪法法院和违宪审查制度，它是我们基本权利最原始的也是最终的救济方式，但是在建立这样一套制度之前，应当明确社会权是否具有可诉性。

社会权可诉性是指法院在具体案件中是否能够直接援引该权利条款并予以适用。否定说认为社会权不可诉，理由是社会权是积极权利，具有不确定性，并突破了三权分立和民主原则。但经过分析梳理并非如此。在上述社会权的法律属性部分，已分析得出社会权并不等同于积极权利，而是具有积极权利和消极权利双重性质，因此，否定所认为的"社会权就是积极权利"的理由不具有否认社会权可诉的理论基础。针对社会权的不确定性，虽然在前面社会权概述部分关于社会权的概念学界没有统一说法，并且随着历史的发展社会权的内容也在不断变化，但是，从国内国际立法来看，许多权利内容被纳入宪法和法律，国际人权公约也明确了其概念。"这种不确定性并不意味着社会权不存在甚至不能加以救济，它恰恰表明了当前经济发展所带来的人权领域的新变化，并寻求权利保护的深化。"①

同时，对社会权的救济不会突破三权分立的原则。最开始的三权分立是对抗封建专制的产物，依据洛克、孟德斯鸠等人建立的三权分立理论，随着社会现实的复杂发展，国家突破"守夜人"的角色，社会行政、公共行政成为保障公民幸福的方式之一，传统的三权分立也就相应地发生改变。我们应当以发展的眼光看待问题，创新发展理论来更好地保障公民权利，而不是以现在的制度来反对社会的发展变化，并以此认为破坏了三权

① 郑维权．论社会权可诉性［J］．黑龙江省政法管理干部学院学报，2012（3）：16.

分立。最后，社会权并没有侵犯民主原则。要正确理解民主治理和司法救济之间的关系，“正如市场经济的竞争会导致企业的垄断与社会不公一样，民主市场的竞争也会催生政治的垄断与偏见”①。政治过程中的民主治理往往会造成少数人的控制，而这时社会权的司法救济可以帮其打造一个相对自由、公平公正的政治过程。因此，从以上理论分析可以得出社会权是具有可诉性的。

现代民主法治国家中，宪法的可诉性与司法化已成为保障社会权的必然趋势。当具体法律规范不足以保障公民社会权时，应当赋予法官在宪法诉讼中直接适用宪法规范的职权，而不是将这一救济全部寄望于立法机关。在我国，宪法监督权由全国人大及其常委会行使，容易造成“自己做自己法官”法律悖论，建立一套具有可操纵性的违宪审查制度可以使宪法监督更好地到位，这也是宪政发展的必要性。立足我国国情，结合现有的政治经济体制，设立专门行使违宪审查权的宪法法院，由宪法赋予其权力，独立于全国人大和各级法院系统，这样既不会动摇人大作为权力机关的地位，又使得宪法法院获得较高的法律地位，与我国政治体制相兼容。

（2）行政诉讼

“在中国渐进式改革的政治条件下，也许从行政诉讼走向宪政之路是中国特殊国情下的必然选择。”②在我国现有的司法情境下，要想实现社会权的宪法诉讼，行政诉讼途径是一个必选项。因此，应当完善我们的行政诉讼法相关规范，比如提起社会权行政诉讼必须满足两大要求，法院才会受理此案：一是该行政行为是具体行政行为；二是侵犯人身权或财产权，这样的规定容易造成有些被侵害者得不到救济，比如受教育权和健康权等。在这个要求上我们可以有所调整，扩大行政诉讼受理范围：一是将内

① 姜峰．权利宪法化的隐忧——以社会权为中心的思考［J］．清华法学，2010（5）：51-63.

② 杨士林．论我国行政诉讼制度的宪政价值［J］．政法论丛，2004（4）：55-59.

部行政行为和抽象行政行为纳入该行为性质要求；二是将劳动权、受教育权等社会权利纳入第二个要求范围。

（3）公益诉讼机制

现代公益诉讼来自美国，并有其特定的内涵："如果侵犯了某一个人或某一阶层的人的法律权利而对其造成了法律上的错误或损害，但该人或这一阶层的人由于社会经济地位造成的无力状态不能向法院提出法律救济时，任何公民或社会团体都可以向高等法院或最高法院提出申请，寻求对这一阶层的人遭受的法律错误或损害给予司法救济。"①从目前我国的司法理论和实践发展来看，宪法诉讼在短期内的实现还不可能，将公益诉讼作为社会权保护的先期渠道是一项较优的选择。

根据我国《宪法》第2条规定："中华人民共和国的一切权力属于人民。""人民依照法律规定，通过各种途径和形式，管理国家事务，管理经济和文化事业，管理社会事务。"该制度的具体设计可以依照"人民主权"和"参与权"的法律原则，以维护社会公共利益为立法目的，体现出弱势群体的社会权益诉求。

第二节　生态移民的社会权保障基本理论

一、必要性

（一）社会权保障的必要性

1. 社会权保障是确保生态移民基本生存权的必要方式

生存权顾名思义就是为实现公民生而为人的一项最为基础、重要的权

① 蒋小红．通过公益诉讼推动社会变革——印度公益诉讼制度考察［J］．环球法律评论，2006（3）：372-377.

利，亦是其他权利存在的前提。人自始至终都在为自己与家庭的生存而奔波劳累，即便最初的原始社会也都是以刀耕火种与捕猎来维持整个部落的生计。伴随着历史的演进与社会的发展，资本主义步入资本扩张与积累的自由竞争时期，在贫富差距逐步扩大的过程中导致底层居民连自身最基本的生存需求也已演变成亟待解决的难题，这也逐步促使生存权由原本边缘化的被动接受逐步转向积极争取。各国人民都开始主动向国家提出多项要求来让政府为其提供生活物资，这也是将国家作为施救行为主体来保证公民生存权利的最初形态。此外，人民单纯依靠国家的救济来保证自身生存权维系完全不够，所有公民都处于社会之中，而社会财富则是需要通过每个人的劳动来获取。所以，劳动权是生存权的核心，对于那些无法正常通过劳动来获取财富进而实现自身生存权或者即便通过劳动也无法满足生存要求的公民，就需要借助国家公权力的帮扶，这就逐渐形成了社会权保障。为了进一步研究生存权的重要内涵，可以将其细分为以下几点。

（1）生存权以劳动权为重要核心

劳动权的实现是以找到合适的工作为前提，人只有在各行各业中实现自身社会价值并通过劳动来换取财富，才能解决自身以及整个家庭的生存问题。公民是否劳动这一要素决定了其生存权的支持来源不同，拥有劳动权的公民自然是以自身劳动工作来获取经济来源维持生存权；劳动收入微薄的公民也是以自己劳动收入为主来维持生存权，以政府帮扶的物资、金钱为辅；无法实现劳动权的公民则是以国家的社会保障为主，将其作为维持自身生存权的主要依靠。劳动者在获得工作之后，随之衍生出来的自由择业权、获得报酬权以及休息权等各项权利都应当予以维护，这也是组成生存权的各个子权利。

（2）生存权以财产权为主要补充

各个公民的私有财产是自身赖以维持生存权的基础，也是其借助自身努力来实现社会价值的重要表现形式。保护私有财产神圣不可侵犯是要依靠法律途径来对其进一步保障与维护，这既可以确保所有公民能够凭借自身能力购买生产生活的相关产品，从而拉动内需促进本国经济发展；也可以借助提升工资与改变税收标准等方式来调动劳动者积极性，使其愿意投入更多时间与精力工作，获得更多财产，让国家所有行业发展与人均GDP提升之间形成一种良性循环。

（3）生存权以社会保障权为重要组成

社会保障权是对社会中经济收入微薄或丧失收入来源的公民所提供的一项救助性权利，以此保障社会中各成员都能获得充沛物资来维持生存。该项权利是由社会救济权、社会福利权与社会保险权等各项权利组合而成的。社会救济权是针对遭受自然灾害或疾病从而无法维持基本生存标准的公民所制定的一项救助权利；社会福利权主要包括一般性的福利权与社会性的特殊福利权①。一般性福利权是针对权利社会公民所设定的权利，例如公共文化教育事业、福利性基础设施建设等方面。社会性的特殊福利权利则是针对老、弱、病、残、孕以及丧失劳动能力的公民所赋予的一项救济性权利；社会保险权是以在社会中由于特殊原因而陷入暂时性贫困公民为救助对象，通过国家和社会动用公权力来为其提供物质帮助。

2. 社会保障权是实现生态移民享有受教育权的重要途径

通过教育来传播知识与技术是人类得以发展进步的重要方式之一。受教育的整个过程也是被教育者获取生存所需的基础知识与技能的重要前提，教育的传播也是互相交流了解彼此需求与想法、传播文化、交流经验，推动社会教、科、文繁荣的重要渠道。因此，无论是对于渺小的人类还是对于庞大的社会整体而言，教育的影响作用渗透在各个方面。人活在社会中不仅要解决自身基本生存问题，更应该通过努力来实现人生价值；

---

① 吴德帅．消解与重构：社会福利权历史流变及启示［J］．理论月刊，2017（11）：148-153.

不仅要追求物质的充足，更要通过武装头脑来追求精神上的富裕。受教育权的提出与执行正是为社会发展提供重要动力，并借此向所有公民传授更健康的人生观与价值观，从而确保每位社会居民都能够在公平、公正的环境中接受教育并积极争取自身发展机会。受教育权逐步得到重视与有效落实是社会权得以实现的基本条件，对于受教育权实质分析，是要以其形成条件为首进行深入研究。形成条件主要包括以下两个方面：第一，每个公民都享有平等接受教育的权利；第二，国家作为公权力主体务必借助自身优势，动用庞大物资、人力来创办教学与改善设施，接受国外先进教育理念、引进海内外人才精英①。对于生态移民地区的受教育权的维护，必须通过几个步骤来完成。

首先，生态移民家庭对自身家庭中的儿童受教育权要足够重视。生态移民家庭因其所处生存环境特殊并历经迁徙、适应新环境等，父母在这样的情形之下对子女教育的影响和作用尤为突出，如何能让父母在家庭中保持对孩子良好的教育态度，是受教育权得以实施的重中之重。一方面，父母对于子女的关注度要针对子女自身的学习状况做到适时调整，并要将这个理念深入孩子的学习、生活、工作等各个层面；另一方面，家长在教育子女之时也要丰富自身的知识储备，特别是如何教育孩子适应新环境，以及如何引导儿童树立起正确的三观。父母是与孩子相处时间最久的长辈，并且是孩子在最初形成自我认知的童年时期的主要引导者，所以父母对儿童的受教育权要保持足够的重视，才能促进知识教育的正常传播，借此维护各个生态移民家庭未成年子女都能顺利成长。

其次，移民迁入地学校对生态移民儿童的受教育权进行保护。学校作为一类传播教育、弘扬传统美德的场所，同样肩负着培养栋梁、教书育人的重任。对生态移民这类特殊人群，更应端正教学理念、坚定办学目标。

① 邢爱芬．移民子女受教育权保护问题研究［M］．北京：法律出版社，2013：366-380.

此外，为了更好地普及知识让尽可能多的移民子女实现受教育权，就应降低入学门槛、简化入学手续，至少在教育层面能够为所有生态移民家庭提供一种更为公平、合理的入学环境。还可以为品学兼优者设立一些奖学金或者减免学费的政策，以此鼓励孩子们更加奋发向上，最终确保儿童受教育权得以落实。

再次，社会应当为生态移民儿童的受教育权提供良好的环境。社会发展是国家发展的基础也是前提，社会发展是以人才队伍持续壮大为动力。所以，为了让社会能够继续又好又快地发展，务必重视人才的培育，对于生态移民地区子女的教育问题自然应该投入更多的关注，为儿童建立起一个健康、安全且舒适的教育环境，是所有为人父母的期望也是社会发展过程中必须承担的集体责任。当然，也应建立起第三方的监管机制，近几年来中小学时常发生校园霸凌、外校人员进校伤人等事件，作为社会之中的任何一员都有义务为此尽到自己职责，对学校做到定期检查、长期监管，让儿童们有学可上的同时也能保护未成年人的人身安全。

最后，若想让社会所有个体对生态移民地区的儿童受教育权做到足够重视并且将相关政策准确落实，务必以制定并实施相关法律为前提，这样不仅是为受教育权的实现加上法律保障，更是为了贯彻落实我国依法治国的发展理念。在法律与政策引导下，需要所有生态移民家庭、学校以及社会之间共同努力、相互配合，在教育发展这方面扮演好自己的角色。全国人民在维护生态移民地区儿童受教育权的同时使法律意识逐渐深入人心，最终在发展教育、社会改革方面具有不容小觑的积极作用。

3. 社会保障权是完善生态移民享有发展权的基础步骤

社会权是以生存权为其存在的基础，以发展权为其存在的核心价值。生存权与发展权不能割裂开来分析理解，因为两者之间是密切联系，在生存权满足之时才有寻求发展权的机会，发展权如果没有得到有效落实只是单纯满足于基础生存权利，那么人类就谈不上发展、社会也将会止步不前。此外，发展权概念的提出最早可以追溯到 1969 年 12 月 11 日，联合国大会公布的《社会进步和发展宣言》。该宣言规定："社会进步和发展是国际社会共同关心的事务，国际社会应以一致的国际行动补充国家提高人民生活水准的努力。"①1986 年 12 月 4 日，联合国大会颁布《发展权利宣言》，该宣言中提到"发展权利是一项不可剥夺的人权，由于这种权利，每个人和所有各国人民均有权参与，促进并享受经济、社会、文化和政治发展，在这种发展中，所有人权和基本自由都能获得充分实现"。② 宣言中涉及发展权意在将其作为各国公民应当享有的一项重要人权，对于发展权的理解主要包括以下两个层面。

第一，发展权是公民的一项基本权利。发展权与所有基础性人权具备相同的地位，世界各国公民都是该项权利的行为主体。所有的劳动工作乃至终身价值追求都离不开发展权的核心要义，发展既是人的发展也是社会的发展，既是以财富价值追求为手段也是以实现个人社会价值为目的。任何个人、组织、集团甚至是政府都没有权利去剥夺他人实现发展权的机会。发展权的实现既是保证个人物质生活的基础，亦是为其创造社会财富提供必要机会。

第二，发展权是集体的一项基本权利。若是想要保障一个人具备良好发展条件，则必须以整个国家或者是民族政治独立和主权完整作为前提。换言之，个人发展权的完成则是以集体发展权的实现为基础，没有集体繁荣与进步，何谈个人成就与发展③。个人与社会之间是包含与被包含关系，

① 《社会进步和发展宣言》. 联合国大会 1969 年 12 月 11 日第 2542（XXIV）号决议通过。

② 《发展权利宣言》. 联合国大会 1986 年 12 月 4 日第 41/128 号决议通过，铭记《联合国宪章》中有关促成国际合作以解决属于经济、社会、文化或人道主义性质的国际问题，且不分种族、性别、语言或宗教，增进并激励对全体人类人权和基本自由的尊重的宗旨和原则。

③ 汪习根 . 法治社会的基本人权——发展权法律制度研究［M］. 北京：中国人民公安大学出版社，2002.

两者之间呈现正向影响。集体得到发展的情形下才会积极促进个人的发展，为其提供充沛的基础条件与良好的机遇，个人发展也会为社会提供源源不断的人才，从而推动整个社会的良好运作。

（二）制定相关法律的紧迫性和必要性

生态移民原是指为实现对当地生态环境的保护并扶助当地经济发展而将生态脆弱地区的人民搬迁，使其实现脱离贫困、步入小康，并做到对生态脆弱区的生态保护。但由于没有对该类特殊人群的社会权提供完善法律规范，致使其在搬迁之后的生活状况无法在预定期限内得到有效改善甚至出现更加贫困的局面。所以，笔者意在通过这部分的内容说明通过法律规范保护生态移民者的社会权的紧迫性。

生态移民的过程实际上也是以当地政府作为行为主体为保护本地区生态环境以及协助本地贫困人口脱贫的过程。其中国家、政府与生态移民地区的公民之间并非平等的主体关系，而更像是国家作为公权力主体向公民实施的一项行政行为，人民处于该项行为的弱势一方。因此，需要通过制定与规范法律来保护该类居民基本权益，法律的制定既是明确行为主体与对象双方之间的权责关系，更是为公民权利在遭受损失之时提供一种维权的法律依据。基于目前我国生态移民的实际运行状况，制定相关法律主要通过以下两个角度进行分析。

1. 制定生态移民相关法律的紧迫性

对于生态移民相关问题通过立法的方式加以解决，不仅是为了满足社会治理的法治化进程，更是为了促进国家法律体系逐步完善的诉求。因为无论是国家、社会还是个人对于法律的需求，都是将其作为实现自身目标的基本依据，法律作为最后一道防线来遏制任何侵害国家昌盛、社会发展，乃至个人追求基本生存权利的非法行为。生态移民是社会的一个不容忽视的群体，包括成千上万的家庭和个人而成，虽然相较于普通群众而言，他们有着特殊的生存环境与发展的需求，但这并不能成为无视其实现自身幸福生活与满足基本生存条件的理由。中国作为所有社会主义国家的代表，更应该肩负起这份责任，针对生态移民人群所处的特殊生存环境制定出适合的法律规章，积极指导相关政府与机构做好生态搬迁以及后续安置工作。

2. 制定生态移民相关法律的必要性

首先，生态移民相关立法不仅仅是针对某一地区而制定实施。由于中国地域广阔且生态脆弱地区遍布于全国多个地方，所以制定该项法律不是为了解决某一小部分人群的生存发展与某个地区的生态环境保护问题，更是为了全国范围内都能做到共同富裕、绿色发展。但我国还未出台一部具有全国性的生态移民法律来对此问题进行指导与规范，所以加强生态移民相关法律的立法具有现实的急迫性。生态移民法律要在其内容与宪法没有冲突的前提下，作为地方性法规的上位法来对生态脆弱区需要搬迁的居民权益进行全面保护。因为所有的法律都是为了公民服务，也是将权力关到笼子里的最佳方式，协调公民与政府之间的关系，化解所有矛盾，促进社会和谐发展。近几十年来，我国一直在不断推进全国的法治化进程，逐步实现依法治国，让全部公民与机构都能实现有法可依的目标，推进生态移民法治化正是积极响应国家的政策号召，同时也可以解决该类人群的基本生存问题。

其次，生态移民相关法律的完成不仅是为了实现对社会中需要生态移民群体的合法权益保障，更是推动国家法律体系逐步完善的要求。生态移民相关法律包括这类人群就业权、受教育权与发展权等权利，甚至还牵扯到一些行政法方面的法律问题，所以制定并完善该项法律不仅是为了解决该类人的基本生活诉求，更是为了协调各个法律之间的关系，弥补法律交叉之时的漏洞，让所有的法律更好地为社会繁荣与个人发展服务。

（三）实施生态移民社会权保障的积极意义

1. 有利于实现全民步入小康社会的总目标

2020 年，全面步入小康社会是指在全国 13 多亿人的共同努力下，让所有城镇与农村居民脱离贫困、实现共同富裕。对生态环境脆弱地区的居民而言，由于地域限制以及自身发展能力受限等因素影响，使其很难仅凭自身力量来改变现状，更是无法让其生存条件达到全国一般标准。需要生态移民地区居民的社会权实现不仅是为了满足其基本生存需求，实现其生而为人的尊严，更是为了体现中国作为一个泱泱大国所应具备的职责，不让任何一个人落在奔向国富民强的起跑线上。小康是所有人的小康，不是特指某一类人的小康，也不是单纯扶助生活状况较差者的小康。举例言之，在乌蒙山区或是滇桂黔石漠化区等连片贫困区域，这里的自然资源短缺、生态环境脆弱，与当地经济发展无法形成正向激励效应，交通不便致使当地居民与外界联系较少，无法将发达地区的先进技术、人才精英引入当地，难以让当地人实现脱贫致富的目标。所以，针对这类情况的居民，利用生态移民的政策来帮助其集体搬迁，既是让他们有机会接触到经济发达地区的思想教育以及更多样化的就业机会，也是帮助原居住地区的生态环境能够得到有效改善①，促进全国上下都能实现生态环境优化与经济蓬勃发展，最后帮助全国人民都能步入小康社会。

2. 有利于实现生态地区环境恢复的要求

生态移民地区公民生存条件较差但又为维系基本生活需求，大部分人只能通过破坏当地的生态环境来换取小额财富。但有限的经济利益却是以牺牲生态脆弱地区的环境为代价，这些地区的生态普遍存在着易破坏、难恢复的特点，即便如此，牺牲环境所换来的经济补贴也只能满足当地居民

---

① 孙久文，张静，李承璋，等．我国集中连片特困地区的战略判断与发展建议［J］．管理世界，2019，35（10）：150-159，185.

一定时间内的生活需要，几代人在这里生存所需要汲取的经济与物资是当地生态环境远远不能满足的。此外，生态环境的脆弱也注定在其遭受破坏之后会带来更多无法预计的自然灾害，例如土地的荒漠化、山体滑坡等情形的出现，这些自然的反噬不仅对当地经济发展可能造成极大的阻碍甚至会危及当地居民生命安全；更为严重的是，国家对于当地生态环境恢复所投资的数额要远远大于当地破坏环境所获取的财富，而且破坏后的再恢复效果也极其缓慢，这自然也成为全国经济发展过程中一项重要阻力。将生态移民地区的公民搬迁到适合人类生活发展的区域，这既对生态脆弱区的改善提供一个较为稳定的空间，也为迁入地带来劳动力并推动当地经济与基础设施发展。实施生态移民政策，加速生态脆弱地区的人口迁移工程，是实现全国土地资源与人口分布的合理配置，也是实现保护与恢复各个生态地区环境，从根源处解决发展难题，从根本上满足贫困地区经济发展与生态环境改善的需求。

3. 有利于实现生态移民区保护屏障的建立

生态移民的迁出地多处于我国山区中的生态环境脆弱地带，属于泥石流、山体滑坡、荒漠化等自然灾害频发地。这些地区的生态一般是与高山、河流等相邻，只有妥善治理这些地区的自然环境与生态状况才能更好地预防此类险情的发生。具体而言，这些地方也是一般人类生活区与自然环境区的过渡地带，如果不重视对这类地区的生态改善，既可能造成本地区的环境持续恶化，亦可能将环境恶化地带的范围持续扩大，逐步影响到其他居民区的生存环境。因为中国这类生态脆弱地区分布较广且极易形成集中连片的自然灾害，如若在初期不能将其恶化之势制止必将成为以后全国生态经济发展的阻碍①。对于生态移民地区的环境改善就像是在生态灾

① 邱芳，马丁丑，孙小丽，等. 西部大开发以来甘肃省生态脆弱度变化趋势研究［J］. 生态经济，2016，32（4）：194-198.

害频发地区与生态环境较好地区之间建立起一个完整的隔离屏障，这个屏障不仅可以帮助生态环境较好地区免遭生态环境恶化的危害，还能使生态脆弱地区的自然环境得到有效改善，因为生态环境无论是全国还是某一地区，都是作为一个整体生态系统而存在，根据当地自然环境状况搬离原住民，实行退耕还林、退耕还草的政策，再加上适当地栽植树木、清理河道等方式，改善当地生态环境的每一个细节，长此以往便可以将原本遭受损害的环境进行有效恢复，甚至有可能达到人类破坏之前的状态。建立生态移民区的保护屏障不仅是简单地实现环境修复的目标，更是为响应党的“绿水青山就是金山银山”的伟大号召①。

4. 有利于实现民族共繁荣、社会共和谐的要求

需要生态移民的居民主要集中在我国西北地区，以青海省、宁夏回族自治区、贵州省与甘肃省为主，这些都属于少数民族聚居的地区。以贵州为例，该地区就有 49 个民族居住，而且少数民族占本省人口的 40% 左右。因为贵州地处高山、丘陵地带，经济发展也因道路交通不便而发展缓慢，对外人才、企业引进能力有限，自然无法将先进的教育和科技传授到此地，经济的发展遭受地域和人才、科学技术的限制而长期处于一种滞后的局面。此外，由于生态移民地区和少数民族居住地区时常呈现出交叉或重合的状态，所以改善生态脆弱地区，将居民搬迁到适合人类发展的地方，既可以确保当地生态环境的改善，又可以向少数民族居民提供一种发展的机遇，实现各民族共同富裕、全面发展的总目标。这些少数民族聚居之处也多是本省农村贫困人口集中之地，解决好农民的生存与发展问题的同时，有关少数民族居民脱贫致富的难题自然也就迎刃而解。对少数民族地区的搬迁还有一个关键，即要保护其原有生活习惯以及传统文化，甚至对

① 孙小丽 . 甘肃省建设国家生态安全屏障的制度化保障机制研究［D］. 兰州：甘肃农业大学，2016.

各民族原有的语言文字，都应该通过一些政策以及科学技术的应用来加以保护。生态移民搬迁不是单纯粗暴地将这类居民搬入另一个适合生活的地区，而是要在不损害或阻碍本民族原生文化发展的大前提下进行救助，保障这个民族与迁入地的文化不冲突并在迁入地还能够继续保持其原有民族特色，这样才能实现各民族在一个公平、自由的大环境下持续繁荣发展①。

二、生态移民应遵循的基本原则

（一）法治化原则

生态移民法治化的核心就在于建立健全以生态移民为重点的带有社会救助性质的法律制度②，在该项制度自设立到完善的过程中都要针对相关问题形成合理的衔接配套设施，从而进一步实现在生态移民地区社会救助法律的全覆盖，将生态移民的社会救助法律体系渗透到各个环节，最终实现增强生态移民法治化的权威性。究其实质，就是要实现将生态移民对象作为法治化进程中的权利主体，以其实际需求与情况为落脚点，制定人性化的法律规范；同时，要借助物质帮扶、资金救助进一步将法治化的规章制度进行有效落实，其中还必须配套相关的问题咨询、事后监管服务等措施，把整个生态移民的法治化作为一个完整体，顺势将与生态移民政策相关的外界帮扶作为权利实现的客体。在整个生态移民法治化建立健全的过程中，自然是要将当地政府作为义务主体，因为整个生态移民工作实际上也是一种政府的行政给付行为，是对生态环境脆弱区的居民给予的一种物质、资金上的帮扶，让其在适合人类发展居住的地方继续提升自身生活状况、实现脱贫致富。

① 吴晓萍，刘辉武．易地扶贫搬迁移民经济适应的影响因素——基于西南民族地区的调查［J］．贵州社会科学，2020（2）：122-129.

② 刘小强，王立群．国内生态移民研究文献评述［J］．生态经济（学术版），2008（1）：395-399.

所以，若想要切实做到对生态移民地区法治化的目标，则必须建立起一个有法可依、执法必严的社会大环境，并明确权责主体，切实做到各部门之间合理分工、协调工作；政府部门作为该项政策实施的主体自然要严格遵守生态移民相关的法律规章，让所有权力执行都有明确的法律依据，防止玩忽职守、滥用职权的情形出现；生态移民的法治化也要将这项社会救助性质的法律关系进行深层次的明确，并做到对整个行政行为实施过程中的权利义务主体进行有效监管，发现违法行为时，务必明确权责关系，让违法者承担应有的法律后果。

（二）公平公正原则

对于公平公正原则的理解，可以先对这两个词进行分析。公平和公正是相较于其他词语而言更为抽象且其中富含着内容丰富的哲学思想，最早可以追溯到古希腊时期，由当时思想家赋予其特定含义①。该项原则的推出，最初是为避免在程序规制中出现不合理情形。根据世界的历史演进规律和现实发展需求，认真贯彻公平公正原则是必不可少的，这样便可以实现最基本的目标——在程序规制过程中满足所有参与人员的知情权和参与权。因此在生态移民工程的实施，也自然离不开对于公平公正原则的遵循。

环境法领域的学者将公平分解为三个方面：代内公平、代际公平和种际公平②。提出这三种公平也是为顺应当今社会发展的大趋势，是公民个人之间同子孙后代之间的一种公平的处理方式。生态移民究其实质也是作为保护生态环境可持续发展与改善当代人生活发展水平的一项惠民政策，实施生态移民也是上述三种公平方式的具体实践，在提升当代所有公民生活发展权益的同时考虑到后代们的基本权利。借用澳大利亚学者本·布尔的话“代内公平的实现充满政治的、经济的、社会的和实际的困难；如果

① 王万松．柏拉图《理想国》正义论研究［D］．贵阳：贵州大学，2019.

② 李艳芳．论生态文明建设与环境法的独立部门法地位［J］．清华法学，2018，12（5）：36-50.

各国政府对代内公平予以严肃的对待，他们就必须鼓励对社会的组织、工商业的运作和人民的生活方式做深刻的改革”。履行公平公正原则也是为实现对人的基本尊重。因为生态移民工程牵扯的人数众多、范围较广且各个地区贫困原因各不相同，这就需要政府部门在执行生态移民的过程中充分考虑各个生态脆弱区居民的实际情形以及个体之间的差异性，做到统筹规划的同时兼顾到各个地区的特殊性，按照新规定进行移民搬迁以及后期的安置工作①。

具体言之，公平公正原则就是要在熟悉了解当地生态移民状况的前提下，针对所有需要搬迁的居民制定配套的法律制度，该制度意在对生态移民工作的整个工程——搬出到搬入以及搬入后其他工作进行及时有效的监管。将所有的搬迁条件、救助情形以及权责规划等都做到有针对性，并非为了简化工作难度而单纯地“一刀切”。此外，中国的生态移民地区多属于乡村，这些地区历经长久的传统文化熏染早已成为一个“熟人社会”，在生态移民的搬迁工作中难免出现工作人员为照顾关系密切的居民而钻法律空隙的情况，不能做到相同情形相同待遇。正如前文提到，许多生态移民地区都是以少数民族聚居为主，在这些不同民族之间因为自身发展条件不同、生活习俗以及宗教信仰等都有较大差异，实施生态移民的相关工作人员更不应该根据自己的主观意识而对当地部分或全部少数民族进行歧视。此外，针对工作人员有任何特殊关系的搬迁对象，相关工作机构更应该建立起第三方动态监管机制，对于受贿徇私、谎报信息的情形进行及时有效的遏制，实现所有生态移民地区居民保持公平公正的待遇。

（三）附带义务的救济原则

对于该项义务的理解主要是通过以下两点来分析：第一，是将生态移

---

① 钱水苗．可持续发展思想与环境法的目的［J］．郑州大学学报（哲学社会科学版），2002（2）：19-21.

民的诚实守信义务包含到附带义务之中[①]。因为生态移民牵扯的人数多、范围广，相关资金数额庞大，所以搬迁群众应遵循这一规则，在上报自己家庭信息情况时不伪造、不隐瞒，如若发现公民违反诚实守信原则，致使国家财产遭受损失、浪费公共服务资源等，相关政府部门应该立即对其因生态移民政策所获得的财产进行查处、收缴，并剥夺其享受社会救助的机会。第二，要求生态移民的群众自身具备积极劳动就业的义务，在其享受移民救助相关政策帮扶之后，搬迁的居民也应珍惜现有的一切教育和就业资源，凭借自身的奋斗使本人与家庭成员彻底摆脱贫困，而不仅仅依靠政府的有限救济。

总而言之，附带义务的救济原则主要是针对享受生态扶贫的公民所提出的一项原则，它的出现意在强调公民个人所应承担的部分责任，并非将生态移民所有工作与任务托付于政府、国家。生态移民工程能够在预期内有效完成的重要一点就是必须让政府与公民相互配合，积极发挥自身在整个生态移民以及后期救助中的作用。这样既减轻了国家责任，也让这类公民通过自身努力来实现人生目标、创造属于自己的人生价值。

（四）及时救助性原则

及时救助性原则就是要求政府相关部门在执行生态扶贫任务的过程中，针对搬迁公民所遭遇的困难应及时采取积极的救助措施，不应互相推卸责任、无视公民具体困难。

正如前文所言，中国急需生态移民的地区分布较广且各地生态环境恶劣的原因各有不同，即便通过法律规章将其进行规定也无法囊括现实中出现的问题。这就需要实施生态移民政策的工作人员发挥自己的主观能动性，深入群众之中，熟悉其致贫的原因与当地自然气候状况等，在生态移民以及后期帮扶中，只要有公民无法切实享受到政策的救助或遭遇新的困

① 杨晓宁．宁夏生态移民社会救助法律制度研究［D］．银川：宁夏大学，2015.

难，政府部门都应积极为其解决困难。毕竟生态移民是一个牵扯人数大、投资时间长、耗费资金多的工程，不能仅通过某一时段的工作就能实现预期成果，更需要政府部门配备相关人员，对其进行定期、动态的监管，以解不时之需。

（五）可持续发展原则

可持续发展对于生态移民而言是要求其作为一种全新的具有生态性质的扶贫模式，这也对中国立法机关、执法机关甚至是司法机关提出了较高的要求，对这方面的法治化进程具有极强的影响意义，同时也是为实现对因实现全国上下可持续发展有所牺牲的移民者或其他主体进行适当补偿的一项制度①。该项原则贯穿生态移民工程的全过程并是其从设立之初所要遵循的重要价值取向。为实现“迁出地绿起来，迁入地富起来”这一持续性发展的目标，生态移民政策的决策与执行机构必须做到对迁出地在规定期限能恢复其原有生态样貌，还需保证搬迁者能够尽快适应迁入地生活状况，将引入的人口转为推动当地经济发展的劳动力。

贯彻可持续发展原则，就必须完成以下两个目标：第一，是要针对生态脆弱区的恢复制定出科学合理规划，让生态环境得到明显改善，这也是生态移民所要实现的最终目标之一。对于迁出地的生态环境建设和发展，不仅是为了获得经济效益，更是为实现生态环境能够达到原有状态，让自然灾害以及修复环境损害能够尽可能减少，让生态建设的经济和环境效益得到充分体现。这项政策的实施不是为了简单地执行移民任务，还需将移民任务和生态环境修复有机结合，这不仅是政府的责任，也是全社会乃至全人类所要完成的目标，必须借助多种救助和帮扶渠道，引进多条产业链与多渠道的资金支持等，为生态移民改善提供助力。第二，在移民者进行

① 金莲，王永平，黄海燕，等．贵州省生态移民可持续发展的动力机制［J］．农业现代化研究，2013（4）：403-407.

搬迁之后要妥善处理后期安置工作，要为其在新的居住地做长久打算。因为在整个移民过程中，不仅要对移民者在迁入地的生活物资等方面进行补助，还需考虑未成年子女上学、中青年就业以及农牧民土地分配问题等，要做到生态移民、引进新产业、促进当地产业结构升级改革，让搬迁者的生存问题与迁入地的经济发展问题相结合，为实现全面小康做出统筹规划。实现迁出地环境有效恢复和迁入地居民发展、资源合理分配。

可持续发展就是要实现在整个生态移民工程实施后的人民都能够有效改善目前经济状况，在规定期限内脱贫致富，并实现对生态移民迁出地的环境恢复。可持续发展原则的实质就是要实现经济发展与环境保护双项目标，做到绿色发展、循环发展，最终实现子子孙孙都能够享有充足的发展资源与良好的生存环境。

该项原则要求采用的生态移民模式不同于传统的搬迁发展模式，是要求政府部门在执行生态移民的过程中全面、客观地认识到人与自然之间的和谐关系，要求生态移民的实施必须是在尊重当地生物多样性、气候变化特征等前提下进行。既要实现生态移民迁出地能够在政策扶持下逐渐恢复到最初原生状态，也要继续加大对迁入地的经济发展、环境改善的力度。

这项原则对生态移民而言是最为核心的原则，因为生态移民的最终目的就是实现人类经济发展和自然保护。将这一项原则纳入生态移民相关的法律规范中具有深远意义，同时也可以将其作为生态移民迁出地的后续恢复治理工作所应遵循的一项重要原则。为实现迁出地能够重新实现绿色、迁入地能够蓬勃发展，政府做出的全部决策都应谨遵可持续发展原则，这也是生态移民工程自始至终所应秉承的价值取向。

（六）公众参与原则

在推进依法治国的大背景下，公众参与权的实现程度也得到很大的提升，因为大家对于像生态移民这样牵扯到自己切身利益的事项都会足够重视。生态移民工程的实施是以政府作为主导者所执行的一项政策，公众对此进行积极参与也是对国家政治性公共活动在生态保护与发展领域关注的体现，他们在对环境问题投入足够重视的同时也关注自身今后生活质量以及发展问题。因为从法律层面来看，公众也是生态移民这项行政行为执行直接影响的对象，是与相关决策制定和实施存在一定法律上利害关系的群体。在生态移民实施之时，公众不仅是移民者，其中还包括与移民者有密切关系的迁出地的原住民，以及生态脆弱区的政府部门、企业和社会组织等。这项以生态移民为主体的公众参与原则，指的是生态移民区的公众依法享有通过某种方式参与与自身有密切关系的生态移民工程的决策之中，这项权利的实施和救济是符合法律规定的。生态移民政策的实施为何如此强调移民群众对参与权的行使，因为这类群众是生态移民政策实施的主要对象，并且是这项政策执行好坏的主要影响者。所有与生态移民有关事项的制定和决策都需要移民者享有参与其中的权利，并让他们详细讲述自己的想法和意见。要做到在整个生态移民政策执行的各个环节中，都针对初期规划、执行方式、补偿标准、子女教育和就业等方面让移民群众发表建议，也同时督促移民政策能够科学、合理地执行下去。

中国作为人民民主专政的社会主义国家，在实施任何与民生相关的政策之时都应该坚持将相关决策公开化。让权力在阳光下运行，并为公民提供合理的参与渠道，让大家能够积极地履行自己的执行权以及监督权等权利。正如《中华人民共和国环境保护法》第 6 条的规定：“一切单位和个人都有保护环境的义务。”

我国公民对于本国生态环境保护工作享有广泛的知情权以及检举控告的权利，对于生态移民这一项与环境保护、恢复以及公民自身生活发展息息相关的政策，更需要为公民提供参与渠道，让公民能够了解、熟悉这项政策的实施以及所要达到的预期目标。

借鉴其他国家的生态环境保护的经验，让公众参与其中不仅可以将其作为环境逐步改善并持久发展的内在核心要义，还可以作为监督相关政府部门和工作人员是否认真履行法律职责的重要社会舆论①。这样做的积极作用是可以将生态移民工程内部工作的监管与外界公民的知情权、监督权相结合，既保障相关公民的利益免受不法侵害，更可以避免由于管理疏忽、职权滥用从而让这项惠民工程难以达到预期效果。此外，让这项行政行为的公众参与度得到充分扩大，不仅可以实现社会主义现代化进程，更能从侧面促进体制的进一步改革与完善。

（七）受益者补偿原则

所谓受益者补偿，是与目前生态补偿领域所使用的生态效益补偿和生态服务付费有着相似理念，但相比于后者，生态效益补偿在制度建设和机制设置等方面，应用更为广泛。

这项原则是站在生态移民工程实施对象的角度来设定，实质上是为了体现出生态环境恢复与发展中公平责任的承担问题。受益者补偿原则是将西方经济学者的“外部性理论”与环境法相关规定结合的产物。在实际之中的环境资源产生与消费过程中产生的外部性②，主要由以下两个方面体现：第一，在生态移民地区当地居民进行资源开发以及日常生活造成生态脆弱区环境破坏所产生的外部成本；第二，在生态移民之后对生态脆弱区的恢复与改善所产生的外部效益。因这些成本或收益无法直接在日常生产经营中体现出来，所以在生态环境破坏之后并未承担其应有的责任，以及在生态化获得保护之后所产生的效益又被他人无偿享受，这自然导致生态环境保护难以实现一个公平、均衡的状态。受益者补偿原则的提出正是为了将生态移民之中出现的这类问题进行消除，让生态环境改善所出现的经济负担通过内部责任追究的方式来进行有效解决。

受益者补偿原则是将生态迁出地的生态环境改善、恢复与当地自然资

① 王宏斌．西方发达国家建设生态文明的实践、成就及其困境［J］．马克思主义研究，2011（3）：71-75.

② 王希．我国生态补偿法律制度的基本原则研究［D］．太原：山西大学，2015.

源可持续发展相结合，以经济手段来调节相关者之间利益关系的手段[①]。具体而言，就是要以保护生态移民迁出地的生态环境，改善当地居民与自然环境之间的紧张关系，依靠生态保护成本、生态系统自身修复功能，运用政府积极干预和市场供求发展来调节好生态保护利益相关方之间的利益诉求。

（八）协同合作原则

协同合作原则的提出，主要是为实现生态移民迁出地与迁入地都能够实现可持续发展的目标，并对生态移民工程相关的所有政府机构部门、工作人员、搬迁的住户以及企业公司等相关主体之间的合作与发展关系进行有机协调。此外，再借助现有的科学技术、广泛的资金来源以及外界援助、支持等，集合所有的力量来解决以生态移民为中心的所有相关问题。

因为生态移民工程的复杂性，其中不仅需要处理好自然与人之间的关系，还需要处理好移民者与迁入地居民的关系，以及政府部门与搬迁者之间的关系。该项工程是以政府部门为主导，以机关单位、社会组织和团体为辅助作用，统筹规划移民所涉及的各个环节。所以，对于迁出地进行生态环境恢复以及对迁入地的经济发展和搬迁者进行安置不仅需要政府部门履行自身职责，还需要与其相关的机关单位、社会组织和企业等主体通力合作，共同实施生态移民工程。这是根据生态移民的性质和特点所做出的明智决策，必须动员移民区范围内一切可以协助的力量来将生态环境地区所遭受的损失和迁入地移民安置等事项妥善处理。庞大的生态移民体系，需要社会各界参与其中，并贡献出自身的一份力量。

协同合作原则对生态移民如此重要，也是由其要实现的目标决定，因为该项工程不仅牵扯到如何对生态脆弱区进行环境修复，更需要处理好移

① 王素芬.完善我国西部生态补偿机制的法律思考［C］//资源节约型、环境友好型社会建设与环境资源法的热点问题研究——2006年全国环境资源法学研讨会论文集（三），2006.

民者在迁入地长久的生存发展问题。这就需要以国家作为公权力主体，从宏观角度来对该项工程设计好执行的政策和法律规章。让移民者在全新的环境中进行发展离不开对当地产业结构进行改革与优化，最好的方式是将“产业+资金”进行有机结合，调整政府补助资金的发展方向，并在发展当地特色产业的同时适当引进外界全新的产业模式，借此让当地经济能够更好、更全面地发展。对产业结构进行调整，需要当地政府各部门协同合作，履行自身职能和作用来让生态移民工程按照预期目标在预定期限内顺利完成。因为生态移民视角下移民者社会权的实现，涉及的范围极其广泛，这就需要当地民政部门、农业、林业、扶贫、城乡建设和教育、卫生、文化等部门做到信息及时沟通。为了能让移民者更快更好地融入新环境，必须让迁入地和迁出地的政府各部门在移民之间做好充分对接准备，在不损害移民者合法权益和原本风俗习惯的前提下，让他们在全新的环境中感受到家的温暖，能够尽快适应新环境，并在当地找到适合自己生存的位置。在交接和后期安置发展的过程中遵循协同合作原则，不仅是为了社会各界力量能够在有限的时间和空间内发挥好自己的作用，还可以帮助行政主体在履行职责中减少冲突，同时节省生态移民政策的执行成本。

生态移民不仅涉及生态移民迁出地的生态环境修复问题，还涉及移民者自身的许多合法性权益，这项工程主要是由国家机关进行宏观指导并制定出相关生态移民政策，具体由当地政府部门进行工作细化与实际操作，但因为该项工程庞大且涉及群众范围广，只有国家宏观政策的指导，无法对相关产业、工作环节以及公民搬迁后的发展问题等提出有针对性的指导建议。这就需要当地政府部门甚至是上下级政府之间发挥其行政主体职责，依据当地生态环境状况以及搬迁者实际需求来制定出适合的规章制度，让整个生态移民工程从开始的分工到实际操作以及后期服务都能在现有的法律规章下运行，让全部行政行为的实施都能实现有法可依、执法必严。与此同时，生态移民所涉及的内容复杂，这就需要民政、农业、林业、城乡建设等部门之间及时有效地进行信息互通，为协同合作提供充分的基础，同时也需要迁入地与迁出地政府部门之间进行及时协调，确保搬迁公民在搬出后能够得到妥善安置。

三、影响生态移民社会权的因素

（一）个人原因对生态移民社会权的影响

1. 受教育程度

一个人受教育程度的高低与其工作性质、环境以及薪水等方面有着直接关联，无论是在中国哪些地方，受教育程度越高的人，他的择业面就越广，所获得的经济收入自然也就越丰厚。对于生态移民区的原住民而言，因为受到原生态脆弱区地理位置偏僻、生态环境恶劣以及文化思想落后等条件的限制，导致其很难享受到先进的教学理念与配套的教学设施。长此以往让他们无论是在迁出地还是迁入地都很难寻得一份待遇很好的工作，甚至可能在迁入地出现失业的现象。

搬迁者在原居住地大多从事农牧业，这些工作环境和条件对于他们的文化水平要求相对较低，甚至在某些地区会形成“读书无用论”。所以在移民群体中文化水平偏低的现象也就不难理解，大部分生态移民群体都是小学及以下文化水平，只有少部分人为初中文凭，高中与大专以上文凭的就更少。对于这类人群如果不在迁入地进行成人化教育，很难在迁入地找到适合的工作，经济基础决定上层建筑，所以必须在保证这类人拥有稳定收入的前提下，更好地维护他们基本的社会权利。

2. 年龄阶段不同的影响因素

因为生态脆弱区的自然条件限制当地经济发展，导致大多数中青年都选择外出务工来维持生计，但是年龄大小直接影响移民者在迁入地的适应能力，中青年对于移民搬迁工作的适应性更强，但现实中搬迁者以老年人为主，这在某种程度上加大了移民搬迁和后期安置工作的难度。

在生态移民地区的中老年大都是以务农谋生，在年老丧失劳动力或在迁入地无法获得新的耕种地，实际上也就剥夺了他们收入来源，并且因为年龄较大、文化水平较低的原因，致使他们很难加入成人教育行列。这些人的子女也多是外出务工，没有充足稳定的经济来源，这份赡养的负担演变为负责生态移民政府的责任。如若帮扶不到位，对于新环境融入不适，就很难让他们在迁入地享受基本生存权利，甚至出现重新返回原本的居住地的现象，这在某种程度上阻碍了生态移民政策的执行。

3. 性别差异的影响因素

生态移民地区的原住民主要是以老人、孩子和妇女为主，小孩和老人主要是由于年龄原因而长期留于生态环境脆弱地区，这里女性人数众多主要是因为以下两点：第一，年龄偏大或体弱多病的女人，不能选择外出务工赚取生活费用，而只能留在家中负责赡养老人、抚育未成年子女以及做一些简单的农活。第二，对于生态脆弱地区的居民，他们长期以来都是久居于贫困落后的地区，当地不仅经济发展滞后，文化水平和思想也相对落后，对于子女教育相较于发达的城镇而言不够重视，并且存在着重男轻女的腐朽思想。所以就存在对女性的教育和发展问题不够重视，将有限的教育资源多给予男性，认为女性就应该在家操持家务，不需要有太高的文化水平。上述两种原因导致移民者大多为女性，而且在新的迁入地很难完全摆脱原本家庭对她们生存发展的拖累，从而导致这类人群无法在全新的居住环境中实现基本生存权利。

（二）外界环境对移民者社会权的影响

对于原本生存能力较弱的原住民而言，外界环境和条件的好坏直接影响着这类人的生活质量和方式。所以，他们在一个全新的生存环境之中，提供生存条件的好坏不仅影响着他们对于新居所的适应情形，还影响着他们在新环境下社会权的实现问题。此处所说的外界环境主要包括以下两种。

1. 迁入地的就业环境

一般选取的迁入地都是离生态脆弱区相对较近的移民地区，这些地方经济发展水平、基础设施以及养老、子女教育等各方面相对完善。但城镇内产业化大多只能维持本地区居民基本工作和产业需求，并且创造就业方面的能力和设备资源极其有限，移民者在迁入地是否能尽快适应并且找到合适的工作，这对于当地产业结构是个不小的挑战。所以，目标接受移民安置地区要做好对这类人的接纳并根据当地经济发展水平和带来的人口压力，推动现有产业升级，同时也要做到借助外来资源引进新兴产业，逐步将剩余劳动力转化为推动当地经济发展的助力。

2. 迁入地的休闲娱乐环境

移民者在迁入地解决就业问题来赚取劳动收入的同时，还需考虑他们基本的生存权利，如何才能在较为发达的城镇获得幸福感。对于休闲娱乐的完善，可以分为以下几类：第一，可以建设适合青少年锻炼的体育馆，以及老年人健身的社区。让所有年龄段的公民都能在学习工作之余，享受锻炼身体、增强体质的机会。第二，可以建设供学生和老人学习的图书馆，并且借助先进的科学技术来建立电子阅览室，增强身体健康的同时也应考虑到对他们智力的帮扶，让所有公民都能够实现对文化素养的提升。第三，可以结合当地发展特色以及民族文化来建设属于当地人的文化馆，不仅可以让搬迁者更好地熟悉迁入地的风土人情，还能够将其建设为当地文化的标志性建筑，吸引外地游客。第四，可以根据当地传统的风俗、节日或集会等，创造更多让搬迁者与当地原住民进行交流、合作的机会，通过这样的方式来增进他们之间的感情，加强人民的凝聚力，更好地为城镇发展增添助力。

（三）生态移民宏观环境对移民者社会权的影响

1. 地方政策环境的影响

因为生态移民政策的实施主要是以政府部门作为主导所执行的搬迁工

程，所以政府部门对于该项任务制定政策好坏直接影响着搬迁者基本生存权益状况和迁入地经济发展形势。因为移民工程整个体系庞杂，任务繁重、牵扯人数众多且耗时长，所以极易出现传统移民时的“重工程、轻移民、重搬迁、轻安置”的情形①，这也是政府公权力与移民者私权利在政策之中权衡不够所出现的弊端。地方政府部门所作决策不足或对政府决策执行力度欠缺，对移民者社会权造成负面影响的情形可以通过以下几个方面进行分析。

第一，在生态移民的初期，也是政府部门对移民工程的策划阶段，对于迁入地的选择以及移民搬迁路径的选择和搬迁方式等内容的决策，都对此后的实施有着极其重要的影响及意义。具体言之，对于安置点的选取，是移民工程执行的前提与基础，也是后期实施的核心部分，因为生态脆弱区的自然灾害频发、生态环境脆弱、地理位置偏僻且当地文化环境较为落后，这就需要针对以上的弊端，选取一个各方面都适宜原住民生存和发展的地方，并考虑到政府资金的问题，选取的地方不能离原地方过于遥远。在新的地方可以让移民者在进行安置的同时，实现在新的适合人民发展的地区内，能够满足其基本的社会权，更好地感受到地理位置所带来的发展优势，以及借助当地先进的文化思想和教育就业机会，让搬迁者能够树立脱贫致富的信心。正如高建国等学者的话语“事实证明，无论是后靠还是外迁，如果没有足够的环境容量，移民的发展前景都是暗淡无光的”。②搬迁者外在助力是政府部门的政策和资金的扶持，能够强化的内在动力就是迁入地的经济发展水平和基础设施建设等内容，能够为这里的人提供一个更好的谋求生存的人文环境。因此在选取移民安置点之前，为了保证决

① 周义．巨工程项目冲击下移民的福利变迁、能力补偿和博弈分析[D]．重庆：重庆大学，2014.

② 高建国，于国兴，李书开．库区移民安置模式比较研究[J]．财经理论与实践，1998(3)：43-46.

策的科学严谨性，还需要对可能被作为移民安置的选项进行仔细考核，保证当地环境承载力和经济发展潜力等方面适合承担一大批搬迁者进入。因为对生态脆弱区的移民搬迁，是对整个地区的居民进行移民安置，所以移民数量相对较多，这也就对迁入地的人口经济容量有较高的要求。当移民提出对政府决策合理性的要求时，必须做到各个环节的科学合理性，才能确保政策在实际执行过程中减少错误的发生。

第二，在移民安置点建设中，除了上述对当地经济发展和基础设施的要求，还有一个不容忽视的重点就是要保证对移民安置房的构建。因为生态移民就是为了能让他们在全新的生存环境中得到妥善安置，有一个适合的房屋才是他们在陌生环境中得以生存和发展的基础。所以，有关迁入地安置房建设的政策必须做到科学、合理且缜密，移民安置房建设中主要存在以下两个方面的负面影响：一方面，因为移民中大多数中青年常年外出务工，但是对于所有搬迁者的房屋分配又是以每户实际人口来进行，这很可能造成大量家庭中是由一两个空巢老人常年居住在一个大房子中。迁入地安置房的实际入住率过低，没能发挥安置房真正的作用。这不仅是对于生态移民资金的一种浪费，也未能让所有移民搬迁者真切感受到生态移民所带来的积极意义。另一方面，移民安置的房子基本都是在政策扶持的前提下建立起来的，并且采取的是建立高层建筑，但移民群体都是以老人孩子和妇女为主，在原来居住地都是农村低建筑为主。在新的环境中，因为身体原因可能无法适应新的环境，甚至对他们维持基本生存造成一定的困扰，导致部分老人，即便在居住地生存了一段时间还是没能改变原来的生活习惯，从而选择搬回原来的居住地继续生存。

第三，在移民政策后续安置过程中，政策在执行中多会出现“重搬迁”而“轻安置”的情形，但是生态移民政策最终目标不仅是为了让移民者在新的环境之中进行妥善安置，更是要改善其生存发展的环境，让他们在一个新的生存发展环境之中实现自己的生存权利。所以，安置政策必须偏重于生计方面的提升，但实际上部分安置政策的制定和执行并未实现基本的权益，使政策无法对移民者生计的改善提供应助益。首先在对生存问题解决之后，就是要对他们发展任务进行科学合理规划，可以在政策之中侧重就业岗位、技术培训和成人教育等方面，让移民者在实际生活中获得一技之长，依靠自己的力量获取收入，不再将长期的生存问题依托于政府的扶贫救济金。

第四，部分政策的制定和实施不仅缺少向公众及时公开，并且在以移民者为主的社会监督和参与方面也不够充足，这导致生计政策缺乏实际操作性。在实际的生态移民搬迁中，移民者对搬迁政策了解不够充分以及自身文化素养较低，不懂得如何依照法律程序来维护自身权益。他们更在乎如何能够在这次移民搬迁的过程中获得足够多的房屋和资金，甚至不在乎政策制定是否科学合理，以及政策的落实是否到位。这也为政府主导的生态移民政策实施造成弊端，极易出现“权力寻租”的情形，工作人员将自己的权利和地位当作谋取金钱利益的重要渠道，这不仅可能造成政府资源的极大浪费，甚至是对移民者基本社会权利的损害。

2. 迁入地自然环境的影响

让移民者搬出原本生态脆弱地区最初的目标就是为实现对生态环境的修复和改善，从侧面来看这也是对迁入地环境承载力的要求，让移民者在新的地方能够不再因为环境问题阻碍其生存和发展。正如前文所述，移民政策实施的前提就是要做好对迁入地的选择，自然环境好坏当然也是考虑的方面之一。具体而言，移民者因为原本生活环境多处于生态脆弱且资源贫瘠地区，他们的生存方式多为农牧业，依靠当地有限的自然资源来维持自身基本生活需求，这也就导致他们代代生存发展是以牺牲当地的生态环境为代价，并且因为环境的持续恶化和资源濒临枯竭而导致持续陷入贫困的恶性循环当中。但是当移民者迁入全新的生存环境之中，外界环境虽然有了改变，但相对发达的城镇地区，生活所需的瓜果蔬菜以及蛋奶肉等基础资源需要移民者从市场中进行购买，这样的生活方式虽然便捷并且对自然破坏较小，但是要以当地居民拥有一定经济收入为前提。成本持续上升，如果不解决他们的就业问题，政府部门微薄的救济金很难保证他们在新环境中获得充足的物质保证，极易再次陷入贫困。此外，在原本较为原始的自然环境中，移民者都是采取山地种植、畜牧养殖和采摘山间瓜果来维持生存，留在生态脆弱区又是以老人、小孩和妇女为主，原本的生活方式还可以依靠自己力量维持，但在搬迁到新的环境之后，没有原本的耕种土地和畜牧养殖条件，让他们原本的生活技能无法发挥作用。迁入地都是工业化、市场化的发展方式，这对于搬迁者来说很难凭借提升自身能力水平的方式来获得好的收入，这也是导致大部分移民者不愿意积极配合政府部门进行移民安置的重要原因。

3. 迁入地市场条件的影响

对于移民者而言，生态移民过程中需要克服的最大困境就是外部环境的变化，而其中最显著的就是要获得一个新的市场环境。他们在迁入地对市场环境适应过程中，必须克服一些不利因素，这些因素主要有以下几点。

第一，经济收入渠道的不同。在政府部门执行生态移民政策之前，搬迁者在原先的生活地区主要是进行农牧业生产，以此作为他们收入的重要渠道。因为地域偏僻以及产业结构落后和自给自足发展方式等，致使这类人群在迁入地缺乏现代化的产业发展技能和经验，在新的环境中难以对所有事项进行风险承担；无法适应新的市场环境，导致他们收入的渠道进一步缩减，只能从事一些收入低、临时性、简单的劳务型工作，无法将生态移民的初衷得以实现，更无法借此脱贫致富。

第二，在迁入地极易出现大量失业人群。虽然在执行生态移民之前已经对备选的迁入地进行实际考核，在人口经济容量方面可以包含所有的搬迁者，但这并不代表能够在迁入地为其提供充足的就业岗位。虽然迁入地是相较于生态脆弱区而言经济较为发达的地方，但是当地第二、第三产业仍然比较落后，缺少支柱性产业，很难在短时间内为新来的大量人口提供相匹配的职位。这就需要当地在提升原有产业结构的同时引进新兴企业，例如旅游、饮食和文化消费等产业，并对拥有劳动力的移民者进行定期培训，将人口压力转化为人口动力，同时加快当地产业链升级，增加当地人口的人均收入。

第三，导致迁入地市场失灵的情形。对生态脆弱区的原住民进行移民搬迁，需要地方政府部门作为主要执行者，推进生态移民工程的各个环节实施。政府部门工作的实施可以很好地实现移民政策的最终落实，但是对市场上的供需关系并不能起到应有助益。因为迁入地的市场长期都是以当地人口的供需关系作为调节对象，在政府进行移民安置后，会让迁入地新增大量人口，无论是衣食住行方面的物质需求还是工作就业的岗位需求，对于本身调节能力较弱的市场而言都很被动，无法按照预期目标达到对供需关系的调节，甚至可能出现市场失灵，不能借助市场来对移民者进行更好的安置以及后期就业工作的调整。

四、生态移民社会权的主要内容及其实现

（一）政治权利

在中国社会主义现代化建设与发展的当下，对于政治性权利的规定主要源自《宪法》，所以该项权利也属于一种宪法性权利。我国《宪法》明确规定了选举权与被选举权、出版自由、游行自由等具体政治权利。这些具体权利是公民政治权利的重要组成部分。此类权利具体到生态移民之中，主要体现为搬迁者所享有的政治性权利——平等参与权、知情权、监督权等。

平等参与权是将生态移民者自身作为该项工程的实施主体之一，让其积极主动地参与到整个搬迁安置工作之中，在此过程中将生态移民者与其

他利益相关者视为平等的参与主体，共同对生态移民的安置、发展以及后期遗留问题解决等工作建言献策①。此外，对于一些有损生态移民者利益的事项生态移民者也同样享有否决权利。

知情权是指生态移民群众享有对于生态移民整个过程的熟知、了解，以及熟悉掌握有关自身合法权益的规章制度、补偿标准、安置办法以及资金救助等重要信息②。与此同时，还应借助这些有效信息来保证整个工程的执行都能按照正确的轨道运行，避免因出现外界因素的干扰而损害到原应给予自己的救助，该项权利的实现也是生态移民公民行使其他权利的前提与基础。

监督权是为了实现生态移民群众对生态搬迁与事后安置工作过程中所有违法行为，损害他人合法利益情形进行及时指正、检举的权利，以切实保证自身与公众合法权益为目标，最终实现减少违法事件而顺利实施生态移民所应达到的预期效果。因为生态移民工程执行的好坏与否直接关系到生态脆弱地区居民的往后生活与发展，搬迁者自然有权利对移民工程的具体规划以及政府资金划拨、管理等事项进行监督。

（二）经济权利

依据现有的法律规定，我国生态移民地区公民所享有的经济性权利主要包括以下三类：第一类是物权，主要表现为对居住房屋的所有权、农业生产工具的使用权，以及对生活用品的所有权等；第二类是具有集体利益的共享权，生态脆弱地区主要集中在西北省份的农村或城乡接合地带，这些地方的公民按照集体成员对本集体所有的不动产以及动产享有成员权；第三类是对所有集体社会中物品的占有、使用与收益等权利——用益物权，例如为人所熟知的土地承包经营权、自然资源使用权以及建设用地使

① 乔煜，刘凯威．生态移民区公众参与权法律保障机制［J］．天水行政学院报，2020，21（1）：90-93.

② 潘虹．生态移民政策法律问题研究［D］．保定：河北大学，2018.

用权等。以上对经济权利的划分偏重站在物权法的角度，在现实生态移民工程的实施中，主要是站在生态移民者的角度来进行细分，包括以下三项经济权利。

（1）获取补偿权，是对生态移民过程中迫使生态脆弱地区的居民必须放弃对原有房屋、农作物和其他工具的物权，以及原占有土地的用益物权甚至是成员权等进行补偿。虽然生态移民是为保护当地生态环境的恢复、改善才将当地居民搬迁到更适合生活发展的地域，但并不能因此而忽略整个过程中对该类人群经济权利的侵害。如果不正视这类问题所造成的后果，将会出现以下两种情况：第一种情况是生态移民的人群因为搬入新的生活区域后丧失了原本依赖的农业耕地以及农作物工具，导致其陷入发展无能的困境，甚至会出现愈加贫困的局面。第二种情况是生态移民对公民在原本集体社会所享有成员权的忽视，可能出现不了解其实际需求以及实际状况下对其进行盲目搬迁，未能让其在整个过程中发表自己的意见，并且没有选出合适的社区管理者，在搬迁之后可能产生后续的一系列矛盾，从而导致生态移民的预期目标无法实现。所以，在对生态移民群众进行搬迁和对原生态脆弱地区进行恢复修建的同时，应当重视整个过程中预期或者已经造成的经济损失，依据当地的市场价值和原本法律规章中的补偿标准，对生态移民所遭受的经济权利损失进行合理补偿，并且要根据“谁的损失向谁补偿”的原则，针对生态移民所遭受的房屋、生产工具的损失应当将赔偿金额支付给公民自身；对于集体性土地、公共物品等毁损、丢失应该赔偿给农村集体组织。

（2）受助权，主要是针对生态移民在整个生态搬迁的过程中与获得安置之后的生存发展阶段，因自身能力有限以及在丧失劳动力的情形下无法达到普通生活水平时，依法享有向政府、有关机构获取生存、发展的物质帮扶、资金救济的权利。这项权利并非只伴随生态移民才出现，从生态环境脆弱地区搬出的居民的经济状况大多数属于需要救济的情形，所以这类人享有的受助权是原本就有的，只是在生态移民政策出现后，对其受助权的维护更应侧重于生活安置补贴、公共财政扶持以及享受教育、就业机会提供等方面。具体而言，生活安置补贴是强调对生态移民家庭人口众多、人口结构复杂的情形，基于搬迁后居住的房屋数量有限而为了满足其基本住房需求，为他们设立安置住房补贴的渠道，让这类居民能够享受资金救助的同时配以降低房屋市场价格的政策，让所有因生态移民的家庭成员都能拥有属于自己的生活空间；生态移民的公共财政扶持，是为了实现对生态移民迁出地的生态环境恢复与修建，对迁入地基础设施建设的完善，以最终能够实现对生态移民两地的和谐发展，让生态移民搬迁地与迁入地的经济发展达到中国其他地区的水平，并做到对生态搬迁者基本生活条件的满足；教育、工作机会的提供是为了解决搬迁群众因搬出原生存环境而丧失依靠农牧业来获得经济收入的机会，以及为解决搬迁子女的上学教育问题，让其享受到一般家庭孩子的上学条件。

（3）基础服务的异域公平享有权，是为了实现对生态移民的搬入民与当地公民能够平等地享有该地区的一系列基础建设以及公共服务而设定的权利。这一权利的提出与建立都是为缩小搬迁者对新环境的排斥心理，并且能够在较短时间内适应新环境，从内心深处认可这项生态移民政策，保证生态移民群众能够在当地更好地生活，从而形成一种公平、自由的生存发展环境。但是在实际操作中，对于该类服务享有的费用不能随意忽视，需要组织生态移民的政府、相关部门对迁入地提供一系列服务提供经济补偿或者直接支付全额费用。与此同时，也是为达到健全生态移民政策的相关配套服务的目标，让搬迁者无论是在搬迁前还是搬迁后都能体会到国家对其关心与帮扶。让搬迁者能够更好地融入新环境，也是为进一步促进迁入地生存发展的活力，引进劳动力的同时对其进行定期技能培训，让人口压力转变为人口动力，从而促进当地各行各业的发展。使人口拉动发展的内在需求，为消除贫困、实现全面小康的目标提供动力。

（三）和谐权

对于生态移民和谐权内涵的理解，主要从以下两个方面展开：第一，自我价值实现的和谐权，就是指移民者在主张自身合法权益之时，尽可能不对他人的权益造成任何负面影响，并且也不应对社会公共利益造成损害；第二，公民价值实现的和谐权，是指公民在行使任何合法权利、履行应负义务之时，都必须在已有的法律规范、政策以及公权力的监管下进行，受其保护、由其约束①。两种和谐权的实现是以自身约束与外界约束相结合，在整个生态移民工程中的每位成员都应当为实现和谐权而履行自己义务，理应受到政府部门、相关企业的维护。生态移民领域的和谐权，是将科学发展观作为其指导思想，将生态搬迁的政策惠及公民个人以及迁入地、搬迁地的社会，从而实现社会与人的和谐发展。

在法律的层面，生态移民讲求的和谐权不仅是将公民个人对幸福生活、物质满足的心愿囊括在内，更是包含国家政府、机构部门如何对于生态移民进行善政良治，以及如何促进生态脆弱区和移民迁入地的社会与人、人与自然之间能够和谐相处。和谐权的价值在于讲求每个公民自身基本权利是否被公权力所重视和重视的处理方式是否人性化。

和谐权对于生态移民为何如此重要，是因为这项权利涉及公民个人能否在一个安全、自由以及舒适的环境中得以生存和发展，是衡量国家与集体是否尽到应有职责的标杆。和谐权的提出就是为改善现有国家与公民之间的矛盾，不能因为公民处于弱势群体而无视其基本生活诉求，生态移民的最终目的就是为实现经济可持续发展，将现有自然资源进行合理开发利用，将现有的生态环境继续恢复改善，将这样一个重大的发展理念继续向子子孙孙弘扬下去。

---

① 吴大华，王志鑫．贵州扶贫生态移民权益保护研究［J］．贵州师范大学学报（社会科学版），2014（2）：56-61.

和谐权的提出是生态发展的时代要求，也是生态移民政策落实的根本依据，同时和谐权也是调节国家政府与公民个人之间权责关系的重要武器。中国作为社会主义国家的代表，其大部分政策的制定和执行都是以公权力为主，人民是公权力的执行对象，有时会感到自己的利益和声音未得到充分重视。所以，现如今关于和谐权的研究自然也避不开这个问题，同样也是和谐权能够顺利实现所要解决的首要难题。

对于生态移民领域和谐权体系的形成以及相关机制的建立，都要求以论证和谐权存在的必要性与合法性作为前提基础，毕竟和谐权是被作为继生存权、自由权和发展权之后提出的第四代人权①。移民者和谐权的首次提出，不宜用现有的权利来对其进行评价与判断，而是应由对该项权利的应然性来进行理解。应然性就是要求公民依据其与生俱来的自然属性与社会属性所享有的基本权益来行使权利。该项权利是在现如今和谐时代下本应具备的一项基础性权利，是以公民的自然属性为前提、以公民的社会属性为核心的基本人权。

（四）习惯权利

在生态移民者的权益保障中还有一个较为重要的权益，即对其习惯权利的维护，这项权利在学界并未有一个较为规范的界定。以谢晖教授的观点为例，他认为“习惯权利针对法（国家法）定权利而言，是指一定社区内的社会主体根据包括社会习俗在内的民间规范而享有的自己为或不为；或者对抗（请求）他人为或不为一定行为的社会资格。习惯权利的规范载体是民间规范；民间规范的重要规范内容是习惯权利②。”这个定义符合法学界以国家法为根据而对权利的界定，从而大体保持了一般权利概念的基本要素；同时也表达了习惯权利和（国家）法定权利的基本区别。对于生

---

① 徐显明．和谐权：第四代人权［J］．人权，2006（2）：30-32.

② 谢晖．民间规范与习惯权利［J］．现代法学，2005（2）：3-11.

态移民者的习惯权利理解与分析，可以通过以下几点来进行：第一，习惯权利是属于社会所有成员的权利，不是特指某一群人的权利，在生态移民政策的实施过程中，要确保每一位搬迁者的习惯权利免受其他外界因素的侵犯。第二，习惯权利是由人们长期的生活习性、生存环境等条件形成的习惯。习惯的养成与保持并非一朝一夕，需要长期秉承，同时也要求国家以及政府对其进行实时保护。第三，习惯权利属于事实权利，因为这个权利的形成与维护都是以现有的事实为基本依据，借助公民在社会实践中不断做出的行为事实来进行阐述。

习惯权利这种理论概念从初步形成到法律制定都是依据一系列的社会规则，而这些规则是由社会公众、政府部门认可的非正式的约束形式。再依照国家制定的正式约束形式以及相关机构所明文制定的规章组成。这类非正式的约束形式是以公民在日常生活之中的行为习惯、传统交往方式等因素而无意识地形成，具备渊远的历史背景，也成为当地原生文化组成的一部分。就习惯权利而言，它是作为人类在长期社会实践生活过程中逐渐形成且代代承袭下的行为方式，具有较强的传统性、重复性，所以在生态移民过程中不仅要保护当地居民的法定权利，更要尊重其原有的习惯权利。因为保护其赖以生存的习惯权利具有重要的积极意义：首先，习惯权利作为其他法定权利实施的基础，生态移民地区具有自身的文化特点以及生活环境，必须了解并适应其原生文化的内涵，才能更好地让其遵守法律规范、完成生态移民工程；其次，有助于在生态移民过程中起到定分止争、平衡各方利益的作用，因为生态移民家庭的经济条件以及物质需求各不相同，单纯依靠法律规章来对其继续救助，可能会起到反作用，凭借习惯权利来了解其实际需求，有针对性地帮扶，既可以节省救济资金也可以对这类居民做到充足的救济，从而减少社会矛盾的出现；最后，对全国法治化进程、全民守法起到积极的推动作用，实现对生态移民习惯权利的保护也是在帮助完善相关权利体系的构建，从而进一步促进民法典的编纂并推动整个法治化的进程。

（五）生存发展权

生存发展权的出现主要是为解决生态移民工程基本完成后所出现的一系列事后服务工作，例如，如何对这类居民进行妥善安置，对于因子女外出务工而无法获得赡养的老人该如何帮扶，对于因家庭贫困而无法获得受教育权的未成年子女该如何帮扶，对于因意外事件或先天性丧失劳动能力的搬迁者该如何帮扶。这些问题如果未能妥善解决，就不再简单地归属为生态移民的问题，可能会持续发酵为一个棘手的社会难题①。因此，只有切实解决生态移民群众在迁入地的生存发展问题，才能更好地落实生态移民政策的目标。生存发展权的实现不仅要求政府部门对其提供简单的物质、金钱帮扶，更重要的是丰富移民者的精神世界，对具备劳动力的居民可以传授先进种植、畜牧技术，未成年子女可以获得平等的受教育机会。此外，针对生态移民中的少数民族群体，更应当尊重其民族生活习俗、文化传承以及宗教信仰等。对生态移民生存发展权可以从以下几项具体权利来分析理解。

居住权。生态移民的最初目的就是将身居自然脆弱地区的公民进行搬迁，让其居住在适合生存发展的其他地区，同时享受到环境舒适、安全的居住体验；为改善当地的生态系统，向生态移民者提供更加广阔的就业发展平台。所以，居住权的实现就是为了达成上述效果，让所有生态搬迁居民能够再次拥有属于自己的房屋，拥有可以稳定其生存发展的居住场所，这样对于此类人群甚至后代的发展都能起到重要的稳定作用。居住权的实现主要是让负责搬迁安置的政府部门、相关企业能够对搬迁家庭的常住人口、原住宅面积等进行准确核对，按照法律规章制定的标准来为其合理划分迁入地的房屋数量与房间面积。

① 罗海萍．生态移民权益保护研究［D］．重庆：西南政法大学，2010.

再教育权。获得再教育权的实现主要是为了解决以下几个问题：对原本依靠农耕为主的生态移民家庭在搬迁之后该如何继续维持生计；对原本在生态移民地区依靠畜牧业为生的生态移民家庭该如何改变原本的经济收入方式；对原本依靠简单手工业来赚取收入的家庭，在搬入较为发达的地区后如何获得适合的工作来填补家庭开支。这些问题牵扯到生态移民工程中的大部分家庭，如果不能及时对这些搬迁者进行再教育就可能在迁入地出现大量失业人口，这既增加了政府生态移民后续工作的负担，同时也可能在迁入地造成群体性事件的发生。所以，必须针对不同群众实施不同的教育方式，对依靠种植、畜牧业这类第一产业为主的居民进行技术培训，通过培训进入简单技术制造的第二产业或者直接到饮食、旅游服务这类第三产业中；对于中老年不易接受外界教育的居民，可以让其在集中化管理的果园、牧场中工作，将原有的技术与现代化的管理方式相结合，就业的同时可以依靠自身技术来获得劳动报酬。

社会保障权。在我国《宪法》的相关规定之中就有提到对年老、疾病或者丧失劳动能力的公民，享有向国家、社会获得物质帮助的权利。现阶段由于生态脆弱区的交通不便、外界最新信息传达不到位以及当地财政力量薄弱等原因，生态移民者在原居住地无法享受到与其他地区相同的社会保障政策。所以更需要在对其进行生态移民工程之后，借助迁入地充足的财政力量和国家相关扶持政策，建立健全对该类群体的社会保障体系，通过迁入地较为全面的基础设施建设来实现对移民者基本生活状况的保障。

第三章　西部生态移民概述

20世纪80年代至今，中国西部地区生态移民在经历开发移民、易地扶贫、全面推进三大阶段之后，逐渐发展成为国家级的民生建设工程，为西部地区社会经济发展提供了良好的生态自然环境基础。在这一过程中，它体现出中国特色的政府主导性、高效性、民族性、综合性等特征，并形成多样化的移民途径与形式①。

我国生态移民源于西部地区恶劣的生态自然环境及落后的社会经济条件，目标是改善生态环境、促进人与自然的和谐发展，为西部社会经济发展提供良好的自然条件。目前，我国政府及社会组织非常注重西部地区实施的生态移民工程，经过多年的探索与实践，西部生态移民工程已经取得了长足的进展，并已探索出适合我国生态经济可持续发展的模式，表现出其独有的中国形态与特点，并为后期发展和推广提供了有效的经验与借鉴。

第一节　西部生态移民实施的背景

西部地区生态移民源于西部地区的生态变迁。西部地区的生态环境系统本身比较脆弱，早期甚至有时迫于生计还会故意破坏森林植被。20世

① 贾耀锋．中国生态移民效益评估研究综述［J］．资源科学，2016，38（8）：1550-1560.

纪 90 年代，我国提出加快发展社会经济，但碍于科学技术的不发达，只能在发展的过程中大量投入资源，过度砍伐树木、挖掘煤炭等资源，对土表造成了极其严重的破坏，生态环境受到过度的破坏。改革开放以后，西部地区的人口暴增，给本来已经破烂不堪的西部生态环境带来了更大的承载负担，原本尚未恢复的森林植被随着人口的增长遭到了新一轮的破坏，遭到破坏的生态环境系统更是难以复合。但近年来随着生态移民理论的成熟，通过对西部地区实施生态移民工程，可在很大程度上促进西部地区生态经济的自我复合。

一、西部地区生态移民的缘起

西部地区生态移民的缘起笔者认为主要受以下几种原因的影响。

第一，西部地区人民长久生活在环境艰苦的边疆地带，且大多是古代驻守边疆战士的后裔，国家为了实现共同繁荣的目标，需要给予西部贫穷地区人民更多的支持，通过生态移民的方式将西部地区部分人民迁移至发展较为优越的内陆地区是一种符合时代发展的选择。

第二，西部地区受自然环境的影响，气候恶劣，生态环境系统脆弱，不适宜人民长久居住，国家为了保护生态环境系统免遭破坏进而采取生态移民的方式将人口过多的环境恶劣地区人民进行迁移。

第三，随着经济的发展，我国部分地区劳动力不足，国家为了统一调动人力资源，将西部部分地区闲散的劳动力通过生态移民的方式迁移至劳动力短缺的地区。

第四，西部地区部分人民难以忍受恶劣的环境，主动自愿选择生态移民的方式进行迁移。

第五，西部地区部分人民为了追求更高的经济发展、教育等需求，主动选择迁移至经济、教育水平较高的地区。

第六，国际环保组织为了促进生态系统的和谐，倡导各国人民参与到生态移民活动中来。比如，1988 年在布达佩斯举行的第七届 SCOPE 会议确认了生态脆弱区，也称为生态过渡区[①]。而我国西部地区就属于该类范围。西部生态环境系统通常具有高灵敏度、不稳定性和振荡性。这是西部地区进行生态移民活动的先决因素。

（一）西部地区生态演变的原因分析

1. 农牧转换对脆弱生态的影响

与游牧农业相比，农业是一种比较先进的生产方式。其对土地的产出要求高于畜牧业，对土地资源的消耗高于草原。虽然改革开放之后，西部地区农牧业的转型已经能够满足居民的需要，但长期的发展，特别是在发生自然灾害的情况下，将会导致歉收或无收、土地的荒芜和生态恶化。可以说，不适当的农牧业使脆弱地区的环境逐渐发生退化。陕西、甘肃、宁夏、内蒙古四省（区）境内的长城自古以来就是农牧业的边界，处于北方脆弱的生态干旱区。明清时期的种植范围主要分布在南长城和黄河沿岸，农业用地相对分散。随着人口的增长，汉族人口大量迁移。首先，内蒙古南部地区的耕作增加，农业耕作面积逐渐扩大和集中。特别是越来越多的农业人口转移到内蒙古西部从事农业耕种，使得原本属于游牧经济的蒙古人得以逐渐掌握农耕技术，建立一些新垦区。贵族们招募汉族来耕种和收取租金，最终导致草原面积不断减少，农牧业向北转移。到清朝末期，农业已经成为许多地方发展的经济产业。这些变化反映了畜牧业经济区向农业经济区的过渡。农牧业的转型将不可避免地改变原有的生态系统，使草原荒漠化和退化。虽然新形成的生态系统可以在短时间内维持人们的生产和生活，但一个相对稳定的生态系统已经被破坏，一旦遇到重大自然灾害就很难恢复。

---

① 中华人民共和国环境保护部．全国生态脆弱区保护规划纲要（环发〔2008〕92 号）[EB/OL]．https://www.mee.gov.cn/gkml/hbb/bwj/200910/t20091022_174613.htm.2008-09-27.

2. 人类活动对森林生态的影响

福格特认为[①]，人类在开发利用自然资源过程中对土地生产能力的限制或腐败违反了自然规律，增加了自然资源的环境阻力，从而降低了土地的产出能力。人类经过长期的繁衍生息后，对生态环境产生严重破坏，尤其是在生态环境中起着重要作用的森林。一些学者甚至认为这是一个简单的替代公式："人口越多，森林就越少。"[②] 对黄土高原的研究表明，在相同的暴雨条件下，森林盆地与非森林盆地相比，前者流量小，持续时间长，侵蚀性弱；后者有陡升陡降，峰值流量大，短而腐蚀性强。森林在控制水土流失、涵养水源、淤积泥沙、净化水质等方面的作用十分明显[③]。水文效应包括三个方面：一是林冠截留；二是林下凋落物的保水性；三是土壤渗透。中国西部森林砍伐的具体原因主要有以下几点。

（1）生炭消费

在煤等现代燃料被发现之前，森林和农业废弃物形成的生炭是人类用来煮饭的天然燃料。生炭在人类生活中的消耗是巨大的，特别是在古代城市居民中，因为没有农作物的废弃物进行补充，其消耗甚至更大。因此，人口不得不被看作森林减少的一个重要原因。

（2）古代房屋建材消耗

古代时期，无论门窗、檐梁、墙柱均以木材建造，且越是豪宅所用木材越是精良。这些木材的来源在较近的秦岭等地森林砍伐结束后，距离较远的甘肃、陕北等地的森林也相继遭到了破坏，对陕西、甘肃、宁夏的生态环境影响甚大。

---

① ［美］威廉・福格特 . 生存之路［M］. 张子美，译 . 北京：商务印书馆，1981.

② 刘心竹，米锋，张爽，等 . 基于有害干扰的中国省域森林生态安全评价［J］. 生态学报，2014，34（11）：3115-3127.

③ 焦菊英，王万中，郝小品 . 黄土高原不同类型暴雨的降水侵蚀特征［J］. 干旱区资源与环境，1999（1）：35-43.

（3）现代工业文明对生态的影响

工业化和商业化对生态的影响也很大。虽然在西北地区工业生产落后于东部地区，但我国的开采矿产资源项目的安排和乡镇企业的发展往往追求经济效益第一，对环境管理的缺乏是广泛存在的。以及治理“三废”污染的技术措施没有跟上，在一些地区，还造成了严重的环境污染和生态破坏。由于受到经济利益的驱动，森林砍伐加速了森林的消失。就陕北石油的开发这一项目，由于没有认真对待岩屑、泥土、含油废水和地面原油的处理，昔日明清的河水已经成为石油河，水生生物濒临灭绝，两边的树木都死了，泉水变咸，人类和动物的饮用水来源变得困难。近年来，在生态环境保护的巨大压力下，生态环境保护工作才取得了很大的改善。

（二）移民意愿的涌现

按照移民的主观意愿划分，移民可以分为自愿移民和非自愿移民。这一理论来源于著名的“推拉理论”①。自愿移民是社会移民中普遍存在的一种状态。由于就业、上学、创业、生存等原因，人们往往离开原来的居住地，进入新的社区生活。随着社会经济的发展，自愿移民的广度和深度越来越大，在日常生活中也越来越普遍。自愿移民的基本拉动因素是经济因素，人们移民是为了获得更好的经济效益②。目前自然条件对农业生产发展的影响并没有随着科学和发明的进步而减轻，而是得到了加强。人类对居住区的选择主要基于农业、饮水或者防范洪水等自然灾害因素。时代、交通、市场、生态等因素的变化，使得自然条件在现代生活中越来越重要。更重要的是，便捷的交通可以扩大居民信息流、物流、人流的互动，

① 推拉理论是由雷文斯坦提出，弗雷特·李完善的关于人口流动的研究。该理论认为，流出地、流入地、中间障碍和个人因素是影响移民做出选择的 4 个重要因素。参见：Ravenstein E G. The Laws of Migrotion［J］. journal of the statistic socirty, 1976, 15 (2): 289–291; Lee E S. A Theory of Migration［J］. demography, 1966, 3 (1): 47–57.

② 张小明 . 西部地区生态移民研究［D］. 咸阳：西北农林科技大学，2008.

这对于增强居民的现代生活意识、改善经济条件具有重要意义。这是现代工业文明社会人们对经济生活的期望所带来的必然要求。

1. 自愿移民

自愿生态移民是频繁的现象。游牧民族流动放牧实际上是人类自愿移民的雏形。当这一地区的资源稀缺时，如草原和草地的减少，土壤肥力的降低，人们就会有意识地寻求在资源丰富的地区生存。

生态退化地区的自愿移民具有以下特点：

（1）迁出是因为环境的改变

由于环境产出的压力，为了寻找更好的居住环境，大部分的移民自主地寻找资源丰富的新居住地。

（2）移民对环境的破坏可能导致环境的新恶化

其他地区的人口压力或其他因素导致移民进入生态脆弱地区，对环境的利用往往超过其承载能力，容易使这些地区的环境恶化。

（3）迁移的不稳定性

自愿迁移的人往往不稳定，原因是对目标社区认识不足，缺乏土地、户口等基本生产要素，当他们在新的环境中生存时，可能由于社区或经济的压力而返回。毕竟，原居住地还有其社会关系和有限的资源。

（4）文化素质较高、经济实力较强的支持

具有较高文化素质的人容易看到生态资源的困境，他们有意愿摆脱这种困境，同时需要有一定的经济基础作为后盾。因为无论哪种移民，都需要经济支持。

自愿移民虽然有成功和失败，但都是自愿行为，移民的积极性更高。其缺点是由于没有政府的引导，移民完全是经济移民，他们没有意识到生态环境的恶化是其移民的原因。由于国家户籍政策的限制，这些自愿移民具有很大的局限性。

2. 非自愿移民

当扶贫、生态问题和政策集中在同一个地方、同一个社区时，承担生态和基本生活条件等公共产品的政府有义务解决这些问题。生态移民已成为解决这些问题的综合途径。生态移民已被提上议程，这是各种政策所允许的。这种移民是政府驱动的政府行为，是一种非自愿的移民。非自愿移民的缺点是具有政策的强制性，很多移民宁愿生活在生态环境恶劣、经济发展落后的地区，这部分群体主要是对原居住地形成了强大的依赖性，他们的教育水平、思想观念其实已经与现实脱钩，如果通过非自愿移民的方式强迫这部分人迁离原居地，会让他们对其他地区的社会感到“恐惧”，也许他们不在乎国家给予多么好的保障，只想安逸地生活在原居地。

（三）西部生态退化地区的人口特征

改革开放以后，人们的生活水平逐渐提高，温饱问题已得到基本解决，生活趋于稳定，因此，从这一时期开始，西部地区的人口增长速度特别快，人口数量激增，生态环境系统不足以承载大量人口，为了维持基本的生活需求，人人争相乱砍滥伐，生态环境系统遭到了重创。分析西部退化生态区的人口特征以及人口对经济发展的影响，对于了解生态移民的发生具有重要意义。

鉴于此，在实施西部大开发战略中，要将消除物质贫困与能力贫困结合起来，始终坚持优先发展教育，提高落后地区的开放程度，推动人口跨区域流动，重视文化传播的作用，帮助西部人口特别是贫困地区的人口确立发展的主体意识，不断提高综合素质和整体能力，这样才能使西部地区持久、健康、稳定发展。西部生态脆弱地区的人口发展具有增长快、密度大、受教育程度低等明显特征。

1. 人口增长快

在西部人口高速增长的背景下，生态恶化地区的人口增长更为迅速，人口矛盾更为突出，其人口增长方式主要是自然增长和迁入增长。

（1）自然增长

一般情形下，生态环境不好的区域其人口增长率反而高于其他地区。甘肃省人口虽然整体增长速度在西部并不是最高，但其生态恶化地区的人口增长率明显高于其他地区。甘肃定西地区是我国典型的生态脆弱地区和贫困地区，其人口增长率几乎是其他地区的两倍①。

（2）人口的迁入

虽然近年来迁往西部的移民很少，但明清时期迁往西部的人口特别多，主要是因为西部属于我国边疆地区，古代战士为了保卫疆土不得已留守西部，久而久之，很多士兵选择了定居在西部地区，其后代也随之定居于此，这是古代人口迁入的方式。另外，早期的“走西口”有很多人口逃难到西部地区，尤其逃难到内蒙古地区的人口较多②。这些也是早期人口迁入西部地区的方式。

2. 西部生态恶化地区人口增长对经济的影响

西部地区分布了我国大部分的高山、高原，平原面积狭小，地形切割，地貌起伏，许多地方山高谷深，交通十分困难，严重制约和限制了人类活动和交往。长期以来，许多地方仍然是落后偏僻的农村和牧区。全国最不发达的老、少、边、穷都集中在西部。西部经济长期处于以农业为主的低水平运行。而随着西部地区人口的暴涨，原本经济已经很落后的村落和牧区在生活上更是雪上加霜。另外，西部生态恶化地区随着人口的增长，人均可利用的土地面积越来越少，而该部分地区主要以农业或者放牧为主，但两种方式都非常依赖土地，因此，人地矛盾日益加剧，经济水平越来越低，最终造成西部地区经济发展滞后的局面。

---

① 定西市统计局 . 2018 年定西市国民经济和社会发展统计公报［EB/OL］. http://tjj.dingxi.gov.cn/art/2019/4/8/art_8674_1290185.html.2019-04-08.

② 邬烜彤 .“走西口”对内蒙古中西部地区的历史影响［J］. 文学教育（下），2020（5）：78-79.

在世界许多地区，人口与土地利用及其变化之间存在着显著的相关性，许多学者对这一关系进行了多角度的论证[①]。但是最终的结论是：在严重依赖土地生存的地区，人地矛盾越激烈，经济发展水平越低[②]。我国西部地区就是典型的例子。

二、西部地区生态环境的特点

西部地区生态环境最为典型的特点就是干旱，干旱导致大面积的沙尘暴、空气污染严重等环境问题。西部地区雪灾、风灾、旱涝灾害、地震等自然灾害频频发生，使得该地区的复合生态系统极为脆弱。随着近几年全球气温的升高，温室效应对西部的生态环境的影响越来越明显，河流干涸、湿地消失、草原退化、冰川消融等生态环境恶化的趋势越来越突出，整体恶化的趋势未能得到根本遏制。

我国西部地区的生态环境改善不仅关乎西部地区人民的利益，更是关乎全国乃至全世界人民的福祉。西部地区的森林植被面积、草原面积占据我国全部植被、草原面积的一半以上，对调节气候、维持生态系统的平衡都发挥着不可磨灭的作用。我国两条重要的河流——黄河、长江的源头都发源于西部地区，其对我国内陆地区生态环境系统的调节具有重大的影响力。但近年来西部地区的生态环境遭到了严重的破坏，水源供应能力也急剧下降，严重影响着东部地区的农业灌溉。面对着这一严峻的形势，党中央、国务院高度重视，大力推进生态移民工程，通过借助外力使之恢复生态修复能力。

---

① 孟斌，王劲峰，张文忠，等．基于空间分析方法的中国区域差异研究［J］．地理科学，2005（4）：11-18.

② 孙平军，赵峰，修春亮．中国城镇建设用地投入效率的空间分异研究［J］．经济地理，2012，32（6）：46-52.

（一）森林资源

西部地区的森林生态功能远大于开发利用，特别是西部森林对我国的长江、黄河、珠江、澜沧江流域的生态保护价值是远远大于森林自身的经济价值，对我国东、中部地区生态环境安全保障十分重大。

西部地区的森林植被面积总量虽然非常庞大，但是分布较为零散，这是由于西部地区多为山区，人口分布不均匀，进而间接导致了人们依赖的草木区域分布也不均匀，西部地区森林的半数以上集中分布在川、滇、藏等西南林区，那里也是目前西部的主要木材产区。而西北森林资源却很少，因此，西北地区的生态环境系统更为脆弱，实施生态移民工程的力度也较大。

不合理的林龄结构和林种结构以及森林资源分布的区域差异，导致一系列恶果，影响森林功能的发挥①。首先，西部地区的森林集中分布区因林木生长量低和自然枯损等原因导致林地生产力的严重浪费，且无林少林地区脆弱的自然生态环境未能得到改善；其次，由于森林的幼龄林、中龄林和成熟林比例失调，中龄林资源不能及时接替成熟林资源，这将为未来木材供需带来危机。

水土流失面积扩大。涵养水源，保持水土，防风固沙等是森林的重要功能，但目前西部地区的生态环境不仅没有得到根本改善，还出现了水土流失面积增加，荒漠化和沙化面积扩大等不良趋势，生态性的灾难在某些地方也不断地表现出来。天然林在西南地区的分布多集中在长江上游的金沙江、雅砻江、大渡河和岷江的源头，承担着保持水源涵养和水土的重要作用。

（二）土地资源

我国西部地区包括陕西省、四川省、云南省、贵州省、广西壮族自治区、甘肃省、青海省、宁夏回族自治区、西藏自治区、新疆维吾尔自治

① 周鹏．中国西部地区生态移民可持续发展研究［D］．北京：中央民族大学，2013.

区、内蒙古自治区、重庆市 12 个省（区、市）。土地面积 681 万平方千米，占全国总面积的 71%[①]；人口约 3.5 亿人，占全国总人口的 28%。[②] 西部地区的面积非常大，但是可供人们开发利用的却少之又少，并且西部地区的土地资源存在一系列的问题，包括土地荒漠化和沙化。荒漠化是指包括气候变异和人为活动在内的种种因素造成的干旱、半干旱和亚湿润干旱区的土地退化，这些地区的退化土地为荒漠化土地。沙化是指在各种气候条件下，由于各种因素形成的，地表呈现以沙物质为主要标志的土地退化，具有这种明显特征的退化土地称为沙化土地。

三、西部地区生态移民的社会经济背景

西部地区自然环境恶劣，经济发展水平低，在原居地进行扶贫较为困难，也不利于生态环境系统的维护，这是在西部地区实施生态移民工程的主要原因。只有实现西部少数民族贫困地区的发展以及贫困人口规模的减少才能实现西部少数民族贫困地区的资源开发与转换进程以及农业生产结构的调整和经济社会的整体演进。我国西部地区坐拥全国 70% 以上的面积和大量的自然资源，当地经济发展水平却持续下降，导致西部大部分地区人口仍处于贫困中。全面小康社会建设过程中，西部地区的扶贫工作仍然是一场艰难的硬仗。西部是我国最主要的贫困地区，是我国可持续发展战略的重点区域，实施生态移民工程是西部地区全面实现脱贫致富和小康社会的根本出路。

四、西部地区生态移民的文化背景

西部地区实施生态移民的过程中，生态移民的文化背景在移民过程中

① 国家统计局 .2003 年中国统计年鉴［M］. 北京：中国统计出版社，2003：41.

② 国家统计局 . 2020 年第七次全国人口普查主要数据［M］. 北京：中国统计出版社，2021：55.

起到了举足轻重的作用。所以，实施生态移民工程时，一定要深入分析并且正确认识各民族的文化背景和生产方式，着重安排生态移民工程中的文化融合、解决民族冲突、引导具体工作并且妥善解决生态移民工作中遇到的问题。

生态移民作为推进西部大开发战略、构建和谐社会的重要工程，在实施过程中，面临着许多新的问题和新的矛盾。其中随着生态移民出现的移民群体的文化变迁在这些问题和矛盾中表现得极为突出。

文化的变迁是随着社会的变迁而变迁的。文化变迁是从文化内容向形式演进的，在内容上通过意识、观点、心理等的变化产生新的文化导向，这种文化导向的改变会影响社会关系和人际交往，从而引起内容变化。从形式上看，通过文化特质自身的排列组合从而构建新的文化结构。

西部地区生态移民的文化变迁就是这样一种正在面临或者正在显现的文化变迁。按照有关研究，文化变迁的动因主要有生物因素说、地理环境因素说、心理因素说、文化传播因素说以及工艺发展因素说等①。几种因素说均与西部地区生态移民的文化变迁原因有关，特别是地理环境因素，成为中国西部地区生态移民文化变迁的一个重要因素。

第二节　西部地区贫困的原因

一、自然条件制约农业发展

西部地区自然条件千差万别，农业发展必需的水、肥、气、热四大因

① 胡安宁、余家庆．当代中国社会环境下的传统文化变迁：一项社会学的考察［J］．复旦学报（社会科学版），2022，64（5）：186-196.

子的时空分布极不均衡，多样化的气候条件引发的农牧业特征十分突出，农业以灌溉农业和绿洲农业为主，牧业呈零散状分布于西部地区，形成了典型的点状农牧业，加之西部人口的点状分布特征，自然村落距离大、人口少，在错综复杂的自然状况下，不仅难以统一规划，在生产上也难以统一指挥，产业上更难以按规模化进行布局，而且在投资上也难以形成合力。

二、农业基础设施脆弱

西部地区现有耕地面积占全国耕地面积的38.12%，为49.57万平方千米①，西部地区相较于东部地区，耕地面积广阔、土地资源丰富，但由于生态环境脆弱、水土流失、土地沙化、水资源分布不均和荒漠化、气候变化等问题，农业生产不稳定性不断增加，尤其是对农牧业生产、水资源供需等的负面影响十分显著。从西部地区农业基础建设的现状来看，财政投入不足、施投放量少、资金来源单一、基础设施增量不足、设施不断老化，因此，增强农牧业生产抵御风险的能力就显得尤为必要。

三、产业化程度低

西部地区社会经济发展落后，机械化产出能力较弱，城市规划和建设滞后，带动农村发展的能力弱。从城市带动农村发展的角度看，西部部分城市地区自身发展能力欠缺，人才流失严重，环境还无法满足自身发展，导致带动农村发展的能力略显不足。从农村自身发展现状看，西部绝大部分农村地区生活在地理位置非常落后的区域，有一半处于半农半牧区，农村人口居住分散，农村小集镇发展难度大，导致城乡农村市场体系不健全，农民组织化程度低，捕捉市场信息的渠道不畅。农村产业结构调整带有明显的滞后性、单一性，加上产业链条短，缺乏深加工手段，农产品加

---

① 国家统计局.2023年中国统计年鉴［M］.北京：中国统计出版社，2023.

工增值和营销的龙头企业少、小、弱，以及历史的、现实的各方面原因，西部地区物质积累和资本积累都还处在初级阶段，农业再生产能力弱，基本上还在“温饱农业”状态徘徊；农业生产计划、目标、措施、管理都还在为了解决广大农民温饱的基本要求而运行，很难着眼于强产业、创新性的战略性的构想；现有的农业基础条件导致其难以从数量型农业、温饱型农业向提质型农业、现代型农业方向转变。

四、城镇化发展不足

由于西部受自然资源条件、经济发展水平等的局限，西部农村地区城镇化发展严重滞后，城镇化是较为落后地区通过人口聚集、财富聚集、技术聚集、服务聚集的渐进过程实现经济发展方式的转变，其突出强调的是农业人口功能的转变。随着生态移民工程的展开，西部地区城镇化工程也必须加快速度，在推进西部地区生态移民工程建设中，城镇化建设将能创造出更多的就业岗位，促使生态移民群体从农业人口转变为非农业人口，并迅速脱贫致富。但从城镇化发展的实际情况来看，西部地区生态移民的迁入地区城镇化发展有限，人口聚集能力不足。

第三节　生态移民是实施反贫困战略的重要方式

西部地区自然环境恶劣、灾害频发，政府不得不采取必要的投资措施，以恢复生产，重建家园，解决群众最迫切的生产生活问题。自然灾害造成基础设施重复投资，从而延误社会经济发展进程，国家源源不断的“输血”与自身的“造血机能差”形成严重的反差。

生态移民的对象主要是西部地区生活贫困的农牧民，这些农牧民绝大多数生活在贫困落后的山区和牧区，是实现社会主义和谐社会美好构想的重要而又困难的工程。生活在生态环境脆弱、生存条件恶劣地区的他们明明有与发达地区享受同样的物质生活条件和同等受教育的权利，但现实却难以满足他们低微的心愿。

目前，西部大开发战略的实施与推进，已取得了一定成效，但要巩固成果仍然面临很多困难。西部地区农民受教育程度普遍较低，培训力度不足，文盲、半文盲劳动力比重高，农村劳动力文化程度与实现农村现代化的要求极不适应，许多农业新技术、新措施推广速度慢和推广周期长，农产品的科技含量低与农业技术培训不足紧密相关；农村医疗卫生条件差，农村医疗保障程度低，难以抵御重大疾病风险，因病致贫、因病返贫问题较为突出，脱贫攻坚任务十分艰巨。

民众生活贫困、地区发展有限有可能导致生态移民与其他地区的矛盾，从而影响社会主义和谐社会的构建。受地域限制的影响，这些地区的交通极为不便，想要改善其物质生活条件不仅耗资巨大而且难以实施，故实行生态移民就成为最好的方式。生态移民的实施可以使移民群众更好地从事生产，接受更高水平的教育，不仅能实现其与发达地区相对平等的受教育权利，还能提高自身的生活水平。

第四章　西部生态移民社会权保障实施现状

第一节　西部生态移民实施现状

对西部生态移民地区居民社会权做到充分保障的首要前提是让这些人必须脱离原本生存发展较为落后的环境。为推进全中国各地区经济蓬勃发展，人口迁移也自然成为必不可少的最佳渠道。借用杨云彦的观点：改革开放以来，我国人口“向稀疏地区进行开发性迁移转变为向人口稠密地区聚集性迁移，中国正在经历着和平时期最频繁的人口流动”。① 生态移民政策从制定到实施并非简单地辅助人口迁移，更是要实现对迁出地生态环境修复与促进迁入地经济产业发展，以及实现对移民者社会权充分救助。接下来根据西部各省份生态移民的具体实施情形及经验和西部独特环境等方面进行详细阐释。

一、西部省份生态移民的具体分析

中国西部地区属于典型的大陆性气候，由于各省份所处地形不同，降

① 杨云彦，陈金永 . 中国人口省际迁移的资料与测算［J］. 中国人口科学，1993（2）：37-41.

水和植被等自然环境也存在较为明显的差异。所以针对不同地区实际发展情形和自身具备的先天条件，要制定出适合本地区经济发展和对实现移民者社会权保障的生态移民政策是极其不易的。本书通过对西部省份的实际情形进行分析，探寻适合各贫困地区居民执行的生态移民政策。

甘肃省作为西部较为典型的因地理环境而限制扶贫救济活动的省份，需在一定条件下加快制定出适宜的移民政策。其在初期执行的“开发式移民”政策，是借助当地独特地势，将有限自然资源充分利用，发展成当地经济发展的新动力，将经济发展劣势转化为发展优势。具体操作是将本省贫困地区居民迁移至发展前景较好的河西走廊与中部地区，借助引黄灌溉技术来解决移民者的基本生存问题①。逐步实现生态移民各阶段目标：“首先移民搬迁，其次确定安居，再次解决生存难题，最后辅助脱贫致富。”

宁夏回族自治区贫困地区大多集中于南部山区，所以移民安置初期多是采取“三西”农业建设计划，将南部的贫困家庭、村庄进行有计划、分阶段、有组织的生态移民搬迁。将移民者搬入具备生存发展条件地区，借助引黄灌区和扬黄灌区建立吊庄移民模式②，在合理开垦耕地的基础上，改进引水灌溉技术，让移民者基本生存需求得到有效保证。

陕西省北部地区因先天自然较干旱且多以山地为主，经济发展较落后，集中连片式的贫困问题也很严重，这自然导致当地居民维持基本生存条件受到严重阻碍。自 1998 年以来，当地大力实施“退耕还林、退耕还草”政策，将修复当地生态环境作为首要任务。在将移民者搬迁至适宜发展地区后，仍旧投入充分财力，采用人力进行拉沙造田以及造林固沙等方式，并辅之以修整土地和兴修水利，帮助当地移民者能够在日常耕地和维

① 刘慧，叶尔肯·吾扎提．中国西部地区生态扶贫策略研究［J］．中国人口·资源与环境，2013，23（10）：52-58.

② 谢庭生．宁夏回族自治区耕地资源高效利用途径［J］．干旱区资源与环境，2017，31（2）：178-184.

持基本生活都有充足水量[①]。在解决基本耕种问题之后，与民生相关医疗、工作和教育等问题自然也就迎刃而解了。

四川省制定的易地扶贫搬迁政策是需要地方政府以及中央投入大量资金对全省贫困住户进行移民搬迁，将不具备基本生存条件和生活工具的农户搬迁到生产生活环境更好的地方继续谋求发展[②]。在搬迁之后，根据已定政策，为各移民户定期发放生活扶助金，提升移民者基本生存能力，并帮助其在迁入地更好地适应生活，从而实现解决基本温饱问题并脱贫致富。实现了将移民扶贫与对生态脆弱地区环境修复、建设相结合，减轻了因迁入地突增人口对当地环境承载力产生的压力。

针对广西壮族自治区岩溶地区经济发展落后，当地自然环境对当地居民生存发展遏制，极易产生局部地区贫困等问题，当地政府根据目前发展难题探寻出将搬迁和生态移民相结合的脱贫道路[③]。历经多年努力，移民安居点逐步增多，住房、道路和学校等基本设施逐渐完善。同时，通过发展迁入地的特色农产业，将甘蔗、龙眼与荔枝等农产品种植进行产业化管理，解决了搬迁人口就业，同时也扶助当地产业结构进一步优化升级。移民搬迁者粮食收入和经济来源持续改善提升，摆脱了原先的贫困局面。

内蒙古自治区地域辽阔，当地大部分贫困人口居住在生态环境恶劣地区。内蒙古为改善这种现状，也开展了生态移民工程。为缓解阴山北麓生态脆弱区居民对生态环境的持续破坏以及消除当地有限环境对居民生存发展的限制，地方政府开始对当地实施移民发展计划。此后，内蒙古为解决

① 窦睿音，刘学敏，张昱．基于能值分析的陕西省榆林市绿色 GDP 动态研究［J］．自然资源学报，2016（31）：994-1003.

② 贺立龙，郑怡君，胡闻涛．如何提升易地搬迁脱贫的精准性及实效——四川省易地扶贫搬迁部分地区的村户调查［J］．农村经济，2017（10）：88-85.

③ 赖检发．广西岩溶地区生态移民调查［J］．西部大开发，2005（8）：34-35.

本区所有生态脆弱区居民的生存发展问题，依据《关于实施生态移民和异地扶贫移民试点工程的意见》，执行“政府为主、群众为辅”的移民政策，借助公共资源和宏观调控方式，对本区荒漠化、土地盐碱化以及水土流失等严重生态环境问题进行大力改善，将此类地区居民进行移民安置①。内蒙古实施的生态移民政策，首先是实现对生态脆弱地区休养生息；其次是要实现移民搬迁者在新环境中就业和移民安置；再次是要达到对移民迁入地的产业结构调整并定期培训搬迁者技能；最后为促进迁入地农牧业发展地区的基础设施完善与加快城市化，帮助当地企业发展的同时，将生态、经济以及社会各方面协调发展。

贵州省作为全国石质荒漠化问题最为突出地区之一，当地水土资源持续恶化，甚至出现让当地居民难以维持基本生存的情形。贵州省位于中国西南部，地势以山地、丘陵为主，因先天自然条件限制，导致多个地区道路交通不畅，经济发展也无法得到很大程度的提升。对当地实施生态移民政策，可以很大程度上改善贫困户的基本生存环境，让他们改变原本较为落后的生存发展方式，逐步实现进入小康社会的前景。根据贵州特有的民族风情，可以将旅游发展与少数民族文化更好地结合起来，实施移民搬迁的同时，加强对迁入地产业结构优化。根据各迁入地实际发展状况和当地独具特色文化产业，施行多种模式的搬迁工作②，例如，注重农业发展的移民安置、依附当地旅游产业发展的移民安置与贯彻退耕还林的移民安置模式等。移民者进入全新生存环境后，基本生活发展方式自然会得到持续改善，经济收入水平也与原先在生态脆弱地区相比有了大幅度提升。

云南省为实现对本省内大量贫困人口进行生态移民，帮助生态移民政

① 荀丽丽，包智明．政府动员型环境政策及其地方实践——关于内蒙古 S 旗生态移民的社会学分析［J］．中国社会科学，2007（5）：114-128，207.

② 金莲，王永平，黄海燕，等．贵州省生态移民可持续发展的动力机制［J］．农业现代化研究，2013，34（4）：403-407.

策能够有效实施，专门设立移民机构，并为此制定配套执行措施。虽然云南省属于西南部多山地、丘陵的地区，但省内不乏适合移民者生存环境的经济发达地区，可以借助生存环境较发达地区自然条件并配合以科学的易地移民安置措施，让移民者也能在感受到发展前景同时积极配合搬迁工作执行。此外，专门负责移民机构也对迁入地进行基础设施完善，提升社会服务配套工作与农田浇灌技术等①。实现对迁入地水电气的充足供应，让移民者在迁入地不仅可以维持基本生活需求，同时没有后顾之忧，安心发展。

二、西部省份生态移民的特征分析

（一）移民原居住地生活条件差，生态环境恶劣

西部各省需要进行生态移民的地区都有一个共同特征——原生活地区受到自然气候、地形以及资源等条件限制而使其长期处于极度贫困的状态。此类地区居民的思想和受教育程度相对较低，且长期安于现状，不愿引进先进技术来改变贫困。基础设施不够完善、生产力水平落后以及经济收入少限制了当地一代代人的发展，使其处于贫困恶性循环之中。这些贫困地区由于地处偏僻，在历史上也多以小农经济为主，一直以来都是凭借单一化、浅层次及重复性汲取方式对当地资源进行不断损害，不仅造成当地土壤肥力持续下降、植被数量加剧减少，甚至造成沙尘暴、土地荒漠化、水土流失等极端灾害的出现，最终导致自然环境持续恶化，当地支柱性农业也面临难以继续发展的困境。

（二）西部生态移民牵扯人数多、范围广、耗时长

西部大部分地区的人口虽然相比于东部而言较少，但是其基数仍旧不容小觑，而且其中需要生态移民的人数占比很大，这也从根本上决定整个

① 文冰，宋媛．生态移民的搬迁形式研究——云南永善县马楠乡案例分析［J］．生态经济，2005（1）：27-31.

西部地区各省的生态移民人口数量多。且因这些居民多处于农村偏远山区，居住地较为分散，给移民工程实施造成不小难度。此外，对于各省（区、市）具体移民政策从前期制定到后期执行，都需要根据当地实际情形出发，结合地方政府经济实力与迁入地发展情形等因素而定。所以，西部各省（区、市）生态移民的具体情形也各有不同。而且这些省（区、市）份需要移民的人口不仅包括汉族，还有其他少数民族，需要在不破坏其原生文化、习俗和信仰等前提下，对其进行生态移民，这些都需纳入移民政策之中。

（三）生态移民工作牵扯部门多、内容繁杂

最初移民政策的制定是由中央进行宏观规制，然后由各省（区、市）政府依据当地实际情形制定出切实可行的政策。由于生态移民牵扯人数多、范围广、耗资巨大等特点，它的具体实施需要当地政府的民生部门、农业部门、教育部门等通力合作，并激发起当地企业、组织和社会团体的积极性，让公权力机关与社会组织进行优势互补，共同为生态移民的实施贡献自身价值。例如，移民前期需要迁出地政府对移民数量进行统计、对移民者家庭经济情况和劳动人口进行调查核实，相关部门将这些数据进行信息化处理，并在移民安置之前与迁入地政府部门进行及时沟通，做到信息共享，这可以减少生态移民过程中出现过多问题，从而实现在预定期限内又好又快地完成移民安置工作与对迁出地进行生态修复。

（四）生态移民惠民作用明显，有利于社会和谐发展

生态移民设立的最初目的就是为实现对生态脆弱地区移民进行重新安置，从而实现对其社会权做到有效保证和对移出地遭受生态破坏进行修复，实现整个社会公民脱贫致富同时做到绿色发展。生态移民工程的实施不仅可以减轻环境承载力较差地区的发展压力，同时也能将移民引入发展潜力较大的地区，将人口压力转化为人口动力，通过优化迁入地的产业结构以及借助政策扶持相关产业发展，最终实现迁入地经济快速提升。以目

前西部各省（区、市）生态移民政策的实施现状，生态移民不仅可以改善各省（区、市）生态环境脆弱地区，还能带动其他地区经济发展与增加移民者人均收入，减少贫困人口数量。换言之，通过生态移民可以为搬迁者提供更好的发展机遇和更高质量的生活条件，最主要的是为其子女提供更先进的教学环境，让贫困问题不再代际相传。发展经济帮助移民者脱贫致富，同时还能做到对生态环境修复，根据各地区环境承载力大小不同来适当分配人口。总而言之，生态移民可以更为科学合理地解决人口居住地分配、自然环境修复与资源合理化配置等问题。

三、西部省份生态移民的经验分析

（一）激发移民者搬迁的积极性

生态移民工程虽然是以政府为主导，但其直接受益者和权利享有者仍旧是移民者自身。政府在整个过程中只能起到积极推动作用，群众自身意愿是影响该项政策实施好坏的关键。没有移民者的积极配合，移民工程很难在有限时间规划内达到预期效果。这也要求当地政府部门根据本地区生态脆弱地区居民实际需求和所具备的特殊性入手，在尊重其基本生存习惯和风俗的前提下进行搬迁，不能简单盲目地统一规划。生态移民的宗旨同样是为了能让移民者有尊严地活着，所以在移民政策各阶段，必须倾听他们的需求，特别是在少数民族聚居的贫困地区，更应该在尊重其自身文化风俗、宗教信仰的前提下进行移民搬迁，从侧面激励搬迁者主动认可移民，主动参与到移民过程中①。

（二）环境治理与经济发展双轨运行

正如前文所述，生态移民工程最终是要达到经济发展、生态修复的双

① 张涛，张潜，张志良．三江源区生态移民的规模及其后续产业的选择［J］．中国人口科学，2005（S1）：28-33.

重目标，这也决定其必须帮助生态脆弱区实现对原本遭受严重破坏的生态植被等进行逐渐恢复，并将移民者搬入经济较为发达地区后，在当地重新就业实现脱贫致富。具体言之，该项工程就是借助生态移民的方式方法来实现西部各省份地区人民的经济水平都能达到贫困线以上，提升移民开发与环境治理的最终效益。无论各地区移民条件有何不同，但都必须基于这个标准进行，才能取得我国脱贫攻坚任务的胜利。在对环境脆弱地区进行修复的同时，必须做到对迁入地产业进行升级，对有劳动力移民开展定期技能培训、先进技术传授，将原本掌握的耕种、养殖技术与现代化科技相结合，可大力发展劳动较为密集的第三产业，推动当地服务行业发展，提高迁入地居民生活质量。

（三）解决好移民与土地的关系问题

西部省（区、市）移民在原居住环境中大多是以从事农耕与畜牧为主，他们对土地的依赖相较于其他地区居民而言更为强烈，所以，就要求地方政府对这类人进行移民安置后，必须妥善处理好他们与土地的关系，因为已经搬出原居住地，就丧失了在原来土地上的耕作机会。如果在迁入地未能给他们分配新的土地，将会使依靠土地生存的移民丧失唯一的经济来源。由于生态移民政策中的土地问题，是整个移民中的核心与基础，因此必须提前规划好，才能有效预防在生态移民政策实施后期因土地问题处理不善而引发的社会矛盾。这也可以从侧面保证移民者在新居住环境中重新获取经济来源，让他们能够在适合人类发展的城镇地区更有尊严地生活。

（四）推动乡镇的城市化进程

因为移民者大多是搬移到比原本居住地更为发达的乡镇，迁入地经济发展情形相对较好，生活压力也小于一线城市，更适合移民者居住。随着当地移民人口的大量增加，从某种程度上可以推动当地城市化进程的速度，但对于当地基础设施建设情形和环境承载力大小也提出了新的要求。从长期发展角度来看，加快西部各省（区）乡（镇）城市化进程也是必然趋势，只不过在移民政策实施之后加快了这个进程，引进大量人口为产业升级提供劳动力基础，并借助新搬来的居民拉动当地内需，促进产业能够更加规模化发展。搬入新的人口对当地经济发展而言既是机遇也是挑战，必须在一定时期内提升并完善当地养老院、学校和医院等基础设施，这需在当地有限资源的基本条件下做到合理分配。

（五）促进生态移民政策中的供给制度改革

由于生态移民本身就属于一个涉及面广、牵扯人数多以及耗费资金大的惠民工程，在移民政策实施前必须做到对搬迁者自身情形进行充分调查，在尊重各民族独特文化与习俗的基础上进行科学合理搬迁。这就要求整个移民工程在前期规划、搬迁过程与后期安置工作中必须有明确的法律依据作为支撑。因为严谨合理的法律规章才能为现实移民中出现的所有问题提供更为公平的判断，所以出台全国性的法律法规是实施移民工程的重要前提。必须将移民中可能遇到的问题借助法律法规形式进行明确，再由地方政府根据本地区实际情形和需求，在不违反国家法律法规的前提下，制定出适宜各地生态移民执行的规章条例，统筹移民资金划拨及土地分配等与移民者切身利益相关的事项，这使生态移民能够实现生态效益、经济发展效益及社会和谐效益提升的宏伟目标，让每一分钱都能花到需要的地方。

四、西部省份生态移民的适应状况分析

（一）生产条件适应情形分析

生产条件适应主要是指移民者在迁入地从事劳动所采用的行为方式与心理状况，以及他们在全新工作环境中的适应程度等。因为与原居住地相比，生产条件、生产要素以及劳动方式等都会有明显差异，因此应逐步改变生产、生活方式，帮助他们在新的居住环境中更好地生产生存。

1.经济收入状况不同

对移民者而言，生态移民只是帮助其改变原本生存发展环境的渠道，最终还是需要依靠自身力量来提升经济收入，最终实现脱贫致富目标。在原本生存发展较为落后的环境脆弱区，大多数人是从事相同或近似的农业生产方式，经济收入渠道单一、经济利润少。但在经济较为发达的迁入地，他们可以选择从事的产业更加多样化，经济收入来源的渠道也自然种类多样，这也造成居住在同一地区人与人之间的经济收入差距持续拉大。生产收入状况能够在某一方面反映出移民者自身劳动能力强弱以及他们参与社会生产积极性，能够选择的就业面等问题。收入状况与自身能力、社会适应程度都呈正向相关性，移民者获得的工作技能越多，所能从事的行业也就越广泛，获取的收入也就越丰厚，在新的环境中就能更好地生存。换言之，比较移民者在原生存地区和迁入地的经济收入状况的，也是考核生态移民实施成功与否的一项重要指标。

就目前而言，原本在生态脆弱区从事农牧、原始化耕作的农民，因为农牧业大多依靠天气状况来决定收入情形，而且在这些地区因为已经造成生态环境的破坏，气候状况也持续恶劣，故对于他们获得经济收入甚至是维持基本生存已经造成不小的威胁。在移民迁入地对于原本从事畜牧业的居民，结合当地圈养式的畜牧，并配以先进饲养技术和统一化管理方式，能够在保证其重操旧业的同时获得更为稳定、丰厚的收入，将养殖产出的蛋奶肉向当地居民供给，以提升迁入地居民的生活质量。在生态脆弱区从事较为单一化耕种的居民，可以让其在迁入地进行大棚种植，并传授其滴灌等先进技术，确保能够将其技能和先进科技结合，并进一步推动当地特色农产品种植、加工、新产品研发等①，让移民者实现在原本从事的行业基础上，结合迁入地独特发展优势，提升其经济收入，让他们能够在短期

① 张小明.西部地区生态移民研究［D］.咸阳：西北农林科技大学，2008.

内获得劳动收入，更好地适应新环境，同时还可为当地城市基础设施建设贡献力量。

2. 当地产业结构升级

虽然移民迁入地与原居住地的生态环境脆弱区相比经济发展较为先进，产业结构也较完善，但与更发达的一、二线城市相比，仍旧存在很大差距。这就要求当地发展经济的同时，加强对当地产业结构持续性优化升级，将原本以第一产业为主，第二、第三产业为辅的局面逐渐打破。所有发达城市都以第三产业为主，第一、第二产业次之。以第一产业为代表的农业，投资时间长，经济收入与其他两类产业相比较少，创造的劳动就业率低，不适合推动迁入地城镇化进程。而像奶制品加工、皮革制造以及电力等的第二产业虽然能够获取比第一产业更多的经济收入，但在现代信息化产业发达的 21 世纪，这些产业不适合将其作为推动生态移民工程落实的主力军。最佳方案就是发展当地已有的第三产业，并通过政策大力引进新型化的第三产业，在将移民者安排到当地有限农牧业进行发展之余，对其定期进行技能培训，逐步引导其进入第三产业行列，帮助他们获得更丰厚的经济收入，并凭借移民带来的大量人口推动当地产业优化升级。

3. 子女外出务工情形

生态移民实际上也是为移民者提供一个更适合自身生存与发展的社会环境，搬迁到这里才能够更好地寻找到绿色、健康、优化的发展方式，这也是确保移民者能在迁入地“稳得住”的基本前提。在生态移民政策实施之后，移民者是否还出现大量外出务工情形可以较为直接地反映出移民工程实施效果的好坏，同时还能体现出这类人群是否在有限的移民安置期间提升自身技术水平来适应当地就业环境。因为在现实生产工作中，所处生产环境状况、工资待遇福利等条件的好坏以及遇到技术性难题等方面，都可以体现出移民者自身对新环境的适应状况。如果自身条件能够尽快提升，工作中遇到的困难就越少，对新工作环境和任务的适应性也就越好；

反之亦然。在生态移民政策实施前，移民者因当地生存环境条件限制，导致村庄中居住人口大多是以老人、小孩和妇女为主，以这些劳动力较弱的人维持田地里简单的劳务农作，年轻力壮的村民更愿意选择外出务工，以牺牲与家人团聚的机会来获得较高的劳动收入，维持家庭生计。外出务工者大多从事于修建房屋、修路以及在企业中做些简单杂务工作等，相比于其他城市中的居民而言收入仍旧微薄，在务工地无法平等享受到城镇的基础医疗条件，居住环境也较为恶劣。

所以，为解决外出务工人员在外地收入较低且无法享受当地居民一般的生存环境以及确保各个家庭人员都能获得更好的生存发展条件，国家决定对西部地区实行生态移民。这不仅可以解决各家庭中年老人、未成年人的居住环境问题，还可以使外出务工人员能够在自己家乡获得一份安稳工作，能够享受到较高收入，同时获得幸福感。

（二）生活条件适应情形分析

移民者生活条件主要是指他们对新环境中生产方式的满意程度与适应情形，生活条件内容烦冗复杂、涉及面积广。本书提到的生活条件主要是指移民者在日常生活中的饮食、工作、衣着等与基本生活息息相关的各类活动。所以，通过以下三个方面、六个类别来对移民者在迁入地生活条件进行系统分析。

1. 饮食与衣着

所谓“民以食为天”，移民者即便是在原本生态脆弱的贫困地区，也需要通过自身劳作获得维持基本生存的粮食。在生态移民政策实施之后，将其搬迁至经济发展条件更好的乡镇地区，能让他们获得较好的物资条件，拓宽经济收入来源。西部各省生态脆弱区居民以前基本“靠山吃山、靠水吃水”，主要食物来源于自己的农作物，食物种类过于单一，甚至会造成当地居民营养不良情形。在移民者进入较为发达乡镇生活后，他们生活条件可以依托当地较完善的基础设施建设和多样化的食物种类得到有效提升，每日可以摄取足量的米、面、蔬菜、瓜果等食材，确保能维持基本生存条件，同时可以满足基本营养和微量元素的补充。此外，因为移民者在迁入地可以谋求到更好的工作机会，他们在获得食物方面也自然拥有了充足的收入支持，可以帮助每个家庭获得足额、充分的食物。

针对衣着方面，生态脆弱区的移民者的衣服大多是以当地纺织的材料制作而成，又因西部生态脆弱区拥有大量少数民族，所以他们的衣服也都体现着浓厚的民族特色。例如，在西部高原地区里的生态脆弱环境中，人们为了抵御极端天气（冬日里的极寒、夏日里的酷热），他们衣着随着当地气候而变换，但样式和种类极其有限。在迁入地，移民者可以和当地居民一样，跟随每个季节的转变、时尚的潮流等原因，穿着适合自己的牛仔裤、休闲服等，并且关于衣服材质来源也更加多元化，不再只是依靠当地简单的纺织技术，还能买到各式各样的布料，将其在店内裁剪成适合自身的衣服。这样不仅可以减少移民者在衣服纺织和裁剪上的时间，还能减少满足基本生活上的时间成本。

2. 住房与交通

在西部各省生态脆弱地区，因受到当地自然气候和生态环境限制，移民者大都居住在土坯房、砖泥混合搭建的房屋中，少数民族地区还可能会采取动物毛皮搭建帐篷。对房屋的搭建基本“就地取材”，让移民者可以维持基本生活状况，减少对房屋搭建上的投入。某些极贫地区，可能水、电、气这些基本资源都难以实现充足供给。在政府进行生态移民之后，会根据迁入地不同生活方式与建筑特点来为他们修建合适的砖瓦房，或直接搬入高层住宅中，配备电灯、自来水等生活基本要素，采取送电下乡的方式通过地方政策优势为移民者配备基本家庭厨具、衣柜和家用电器等，使生活条件得到改善。

在交通方面，因为西部生态脆弱地区大都处于地势险峻的丘陵、峡谷等地区，道路不便也成为阻碍当地经济发展的重要原因之一，当地外出务工人员为离开原生环境而谋取更高收入之前必须历经较长时间的路程，才可达到为其提供就业的城镇地区。此外，交通的不便对子女上学也造成不小的困扰，因移民者在原居住地较分散，所以子女们每日上学只能很早起床，花费大量时间在往返学校的道路上。由于当地气候恶劣，在出现极端天气时，许多家庭的子女只能放弃上学留在家里，这对当地教育发展也造成很大负面影响。生态移民政策实施后，这些问题自然也就迎刃而解，搬迁者可以在较发达的乡镇找到适合自己的工作从而无须花费大量时间外出务工，子女也可以在当地找到更高质量、离家更近的学校来享受当地教育资源，在日常工作生活方面，因为道路设施修建的完善也可以免去不少麻烦。

3. 教育和医疗

针对西部生态脆弱地区，当地主要从事于农牧业，这对于季节性要求十分强烈，因为当地居民对于教育的重视程度不高、上学距离较远、教育成本过高等原因，很多学生因此被迫辍学，无法和其他地区学生一同享受当地原本有限的教育资源。因为当地主要从事农牧业，外出务工也大多都以劳动型工作为主，所以当地居民对于“知识改变命运”的认识不足，居民收入微薄，更不愿花费大量金钱在子女教育方面，这也从侧面造成当地未成年子女上学难的问题。在移民搬迁后，因为当地生活环境和方式的影响，大家对下一代子女教育问题也逐步重视起来，并意识到只有提升子女和自身的文化水平才能获取更稳定、收入更高的工作。此外，因迁入地教学环境和师资力量也更充足，结合移民政策之中关于对未成年子女教育的帮扶，移民者也更愿意将子女送到学校接受教育。

在医疗方面，生态脆弱地区因医疗技术落后、相关器械不健全且没有完善医疗保障体系，导致当地居民出现看病难、看病贵等情形。所以移民者怀有“小病不用看，大病看不起”的心理，甚至对出现疑难杂症更愿意使用当地偏方、土方法治疗。这些问题在进行生态移民之后都有了不小的改变，他们不需要花费大量的时间来寻找适合的医院，就可以享受到当地医疗保障条件和较为先进、完善的医疗环境。移民者也能在迁入地摆脱掉因病致贫的情形，可以在保证基本身体健康的前提下追寻更好的生活条件，达到基本社会权实现，同时提升自身幸福感。

（三）人际关系适应情形分析

因为移民者在原本生活都是与邻里关系最为亲近，彼此之间生活习惯、风俗以及信仰等都是相同的，农村地区多是“熟人社会”，故邻里关系的好坏不仅影响着他们对维持基本生活状况好坏，甚至决定着精神领域的交往程度等。在对其进行移民安置后，可能会打破原本居住地的邻里关系，甚至出现将他们安置到完全陌生环境中，使其不仅要适应新环境带来的压力，还需逐步熟悉邻里之间的关系。

本书所言人际关系主要是指移民和迁入地居民的相处情形，并由此对内心世界的影响。人际关系相处方面主要可以分为与当地居民关系、其他外来人员以及迁入地乡镇领导关系相处情形三个方面。

1. 与迁入地居民关系

虽然生态移民政策实施牵扯两拨人，但对移民者影响程度更大，因为他们不仅要抛弃原本的生存环境与人际关系来到全新居住地区继续工作生活，要适应当地生存发展方式，同时还需熟悉当地居民。所以，迁入地居民对移民者态度的好坏、彼此之间相处关系的融洽程度直接影响着移民者归属感的强弱。如果能够与迁入地居民尽快熟悉，不仅可以让他们在新的环境中更加快速适应新环境，还能让移民者接受新的思想和生活方式[①]。因为大部分移民者在原居住地人口居住较为分散，且都是与自己居住较近的人交往，只需照顾到与自己生活相关的邻里关系即可，但在移民后因为

① 李霞，文琦，朱志玲. 基于年龄层次的宁夏生态移民社会适应性研究［J］. 干旱区资源与环境，2017，31（5）：26-32.

交通更加便利，居住较为集中，处理好与当地居民的关系成为一个不小的挑战。此外，因西部地区移民者有很大一部分是少数民族，与迁入地居民生活方式、语言文化和宗教信仰方面可能不同，所以处理好与当地居民关系显得尤为重要，因为这不仅是衡量移民政策实施好坏与否的重要条件之一，还是推动移民地和谐发展的首要前提。当地政府可以利用移民者自身文化、习俗优势，通过借助本民族特色饮食在迁入地开餐厅、定期开展文化节等方式，加强与迁入地居民的交流，让彼此更为了解，推动移民地所有居民能够友好相处，同时化解冲突与矛盾。

2. 与非移民人口相处

移民者在迁入地日常生活工作中不仅会遇到迁入地居民还会有其他来此处发展的居民，所以对移民者而言需要处理好的人际关系并非像以前在生态脆弱区那样单一化，而是应该和每个地区居民都能处理好关系。随着移民者生活环境和方式转变，他们所需进行的社会活动也变得更加复杂多样化，不仅有吃饭、喝酒、运动等娱乐方面，还有日常工作、学习和技术培训等事项，交往方式也随着信息化时代的到来变得更加方便快捷，这也为他们提供了和其他外来人口交流的机会。移民者与其他外来人口对迁入地而言都属于外来人口，都需要通过自己努力来适应这里的生活方式。

3. 与乡镇领导相配合

生态移民政策在后期安置工作完成后，移民者在迁入地出现问题大多是由乡镇领导进行协调解决，乡镇领导的管理方式直接影响移民者在新居住地的生活状况。由于移民者来自不同地区，他们对乡镇领导的能力标准和期望值也各不相同，自然对其所做工作认同率也有差异。乡镇领导是与移民关系最密切、联系最频繁的基层干部，所以在其制定相关规章时，应首先听取移民者和当地其他居民的意见，让所有决策能够顺应民意、符合时代发展要求。同时，加强乡镇领导与移民者之间沟通机制，还可采用定期召开会议、发放调查问卷甚至上门调研等形式，了解搬迁者对生态移民的满意程度，他们目前生存发展遇到的难题以及对乡镇领导工作的期望等，这些都有助于移民对工作的进一步认可与配合，并且推进和谐社会的建立。

第二节　西部生态移民社会权保障制度实施现状分析

中国生态移民实施主要集中于环境遭受破坏严重的西部地区，是将扶助脱贫、工程移民与生态建设相结合的一项惠民政策。各地区以此为目标建立起相关法律规章，作为当地政府部门与其他组织之间共同推进移民政策实施的直接合法依据。具体而言，西部各省区地方立法机关与执法机关在不违反中央政府制定的方针政策和法律规定的前提下，可以凭借自身立法与执法权限来帮助生态移民政策能够更合法、科学地运行下去，并借此制定出适合当地发展的社会权保障制度。所以，各地区实行怎样的移民社会权保障制度对当地移民搬迁和安置工作有着重要影响作用，甚至影响迁入地经济发展和迁出地生态环境修复工作进程。就目前我国生态移民实施现状而言，相关社会权保障制度建设务必依附于精准扶贫和退耕还林等政策，西部地区移民针对迁入地的政策分为横向和纵向两个方面，横向分为移民迁出地选取政策、移民者核准政策与后期安置服务政策等；纵向主要是针对具体内容划分，主要包括救助资金政策、土地分配政策、生态环境修复政策和就业政策等。这些政策不仅可以从某种程度上影响生态移民工程实施好坏与否，还会直接决定移民社会权实现的状况。

一、西部不同迁出地生态移民制度

生态移民主要出现在我国西部，因西部地域广阔，地貌特征和自然气候各有不同，故可将生态环境脆弱地区根据地貌特征和自然气候等状况分为西部草原、黄土高原和西南山区三类，接下来通过这三个分类对迁出地的移民制度进行详细论述。

（一）西部草原地区移民制度

因为当地游牧民未能按照科学方式对草地进行开垦和利用，致使草地出现严重退化甚至出现荒漠化情形，为保证当地草场植被能够合理持续性地被开发利用以及对破坏地进行生态修复，必须对当地居民进行生态移民。西部草原需要移民地区主要集中在青海和内蒙古，这种生态移民与以往传统形式的生态移民略有不同，主要是为保护当地草原恢复而采取围栏禁牧。虽然当地生态环境早已遭受破坏，但并不代表当地经济发展水平过于落后，这里的生态移民制度更偏重生态保护而非精准帮扶。

近些年来，草地退化已成为一个棘手的环境问题，直接影响到当地土壤的蓄水能力、地下生态环境循环、地上原生动植物原本的生存环境，甚至会出现土地沙漠化，春季沙尘天气更加严重，而且这种态势呈现逐渐蔓延趋势，不仅影响局部某地区居民生存发展，甚至会加大对周边环境破坏。换而言之，如果没有制定出适合当地的生态移民制度来对这些问题进行及时解决，游牧民可能会更换放牧地区，不但没有对早已造成生态破坏地区进行修复，还可能损害其他草原地区植被，使得草原地区生态破坏成为一个恶性循环。

（二）黄土高原地区移民制度

西部省份的黄土高原地区主要是因为传统农业的耕种加之当地半干旱性的自然气候，长期过度开垦导致高原地区土壤肥力持续下降，若是不针对此类问题进行及时治理，当地原本脆弱的生态环境将会急剧恶化，并影响到当地居民的基本生活。黄土高原地区出现生态环境破坏的情形主要集中在陕西省、甘肃和宁夏等省区，国家为缓解贫困导致的生态环境持续恶化，首先选择对当地居民展开生态移民政策，在修复当地原本遭受破坏的自然环境基础上带动移民经济发展。

西部黄土高原地区生态移民制度包含的范围与对象主要是针对水资源匮乏、土壤肥力下降，以及当地基础设施落后、生存环境持续恶化地区的居民。为解决他们基本生存问题与对当地自然环境进行修复，需将其迁移至更适合发展的地区。以甘肃省为例，搬迁的主要是生活在泥石流、坍塌和滑坡等自然灾害频发，严重影响当地居民基本生存的极度贫困居民，这些人大多集中在本省的定西市、陇南市、甘南藏族自治州以及临夏回族自治州等地区。

针对黄土高原地区出现的生态环境退化、自然灾害频发，当地政府根据现实情形制定出适宜的生态移民政策。国家和地方政府针对当地自然环境问题进行大量资金划拨并提供了先进的技术，配以“退耕还林、退耕还草”政策，逐步使迁出地恢复到原来的生态状况。此外，针对移民者在迁入地的生存，主要从土地分配政策、移民户籍管理、技术支持和技能培训以及子女教育等方面进行合理规制①。

（三）西南山区移民制度

西南山区需要建立生态移民制度主要是因为当地存在着喀斯特地形地貌，这种自然状况主要分布于云南、贵州和广西等省（区）。加上当地原本脆弱的生态环境，使得生态承载力较差，交通不便，导致当地居民长期处于贫困状态。具体而言，西南山区需要生态移民的居民居住分散、贫困程度较深，因为地势原因导致当地交通极为不便；需要生态移民的贫困居民很大一部分都是少数民族，由于语言、生活习惯、风俗文化等不同，对这类人群如何在尊重少数民族文化的前提下进行移民搬迁也是一个不容忽视的问题；当地迁移主要是为让当地居民能够在更为适合居住的地区生存发展，从而助其脱贫致富。

对生存在西南地区山石环境中的居民进行移民搬迁，这种移民制度决

① 张爱国，薛龙义 . 黄土高原地区生态移民论［M］. 北京：中国社会出版社，2013.

定了生态移民所带来的生态和社会效益。为让移民政策能够顺利、准确落实，划拨的帮扶资金能够合理利用，需要对迁出地进行合理选定，才能让真正生存在自然环境恶劣地区的居民享受到优惠的政策，获得更好的发展机遇。以云南省为例，他们在选取生态移民迁出地时，需要满足以下特征：第一，气候环境恶劣、海拔较高，不适宜居住和耕种；第二，当地人口过于密集并且土地承载力较低，即便过度开垦也无法满足居民日常生活需要的物质；第三，当地居住环境恶劣，居民人均年收入较低，无法通过自身努力改变现状；第四，居住在自然保护区，为了防止对自然环境持续破坏而进行移民搬迁等①。针对上述条件，在西南山区制定生态移民，需要根据当地不同的生态情形和各自生存发展的紧迫性来对迁出地进行科学选取，让移民政策能够真正发挥作用。

二、西部不同迁移原因的移民制度

对需要生态移民的原因进行分析和定义是实施某项移民政策的重要前提，也是对移民主体进行科学分类的合理渠道，对生态移民制度的制定与实施具有极其重要的现实意义。生态移民搬迁的原因主要有保护原已遭受破坏的生态环境、针对移民进行精准帮扶两个方面。只有同时兼顾好这两者的内容，才能让生态移民制度做到准确落实。生态保护既是手段也是目的，需要在当地进行精准扶贫和移民安置的过程中，保证迁出地自然环境及时修复，达到实现自然保护和经济发展双向效益的目的。

（一）以扶贫为目的的移民制度

中国西部贫困人口主要集中于地势险峻的山区，当地土壤肥力不足，常年降水量较少以及植被极易遭受破坏且难以修复。西部山区自然环境较

---

① 罗维有．云南生态移民工作存在的问题与对策研究［J］．楚雄师范学院学报，2015，30（4）：90-94.

差且贫困人口众多，当地经济发展潜力较小，无法进行深度开发。针对当地现实经济发展状况，无法仅凭简单的经济帮扶就能让当地居民摆脱贫困，因为限制当地居民发展的不仅是落后的社会基础，还包括自然环境与土地问题等，所以只能通过移民方式来改善当地人口赖以生存且开发有限的自然条件，借助搬迁让他们生活在更适宜生存发展地区，还能接受到先进思想，再辅之以精准帮扶来让移民者通过自身努力摆脱贫困现状。

针对因为自然条件限制发展所造成的贫困，对这类居民进行搬迁要始终坚持稳步推进、激发原住民搬迁意愿的方针。由于西部省区因为贫困而搬迁的地区自然条件恶劣、资源匮乏与人口居住较为分散难以统一管理而导致当地居民长期处于极度贫困状态，必须根据科学的“退耕还林”原则进行移民搬迁。此外，还应在移民搬迁之前选取好适合的迁入地，对当地经济发展、资源环境以及人口承载力等方面做到科学、合理考察，根据当地搬迁者特殊情形制定出详尽规划，分阶段有计划地进行搬迁。发挥当地基层组织的领导作用，积极动员搬迁者，让他们充分理解搬迁的方式和目的，配合负责移民搬迁政府部门的工作。根据当地贫困原因、人口居住情形和政府部门实际管理水平能力等，特别是有少数民族的地方，更应该在不破坏当地居民文化风俗的前提下进行移民搬迁。科学规划移民安置的后期工作，要让移民者在迁入地平等享受到迁入地的基础设施、医疗教育等配套服务政策以及尽快解决就业问题等，让移民能够尽快适应新环境。迁入地政府应该积极推进移民政策的实施，引进先进产业并对当地原有产业结构进行优化升级，让移民在新居住地能够尽快解决劳动就业问题，提升自身经济收入，同时实现人生价值。迁入地和迁出地政府部门要积极配合做好对原生态脆弱地区环境治理与退耕还林还草工作实施，在提升移民经济收入的同时保护生态环境。

针对因迁出地经济发展限制而进行的生态移民，移民政策展开需要做到以下几点：第一，国家制定宏观的政策。需要坚持“稳步推进自愿移民搬迁”的原则，让移民者感受到国家对该项政策的实施持谨慎与重视的态度。国家借助制度修订方式来让移民者积极参与到移民搬迁之中，并为地方政府如何制定适合本地区移民搬迁给出宏观指导。第二，贫困标准的明确界定。哪些地区属于极度贫困，又有哪些居民需要移民搬迁，不是地方政府根据主观臆想来决定的，而是需要对当地各贫困地区进行实地考察，收集真实数据来进行科学核定，借助法律规章内容来明确移民范围。第三，规范指定移民搬迁的方式方法。借鉴传统移民搬迁的方式并结合当地实际发展情形，在尊重当地居民生活习惯与搬迁意愿基础之上，进行合理搬迁。此外，还可以动员迁出地与迁入地的社会组织、企业和社团等加入移民搬迁工作中，充分发挥各主体优势力量，同时也能节省国家与政府对移民投入的资金、精力等。第四，准确制定生态移民目标，不能将移民单纯地进行搬迁，而是要让他们在全新环境之中顺利安置下来，能够尽快适应当地生活和发展环境。让移民者在迁入地也能享受同当地原住民一样的子女教育、医疗服务和养老等政策福利，还能接受到政府组织的技能培训，在发挥自身劳动价值的同时赚取较为丰厚财富。还要以改善迁出地生态环境为目标。

（二）以改善生态环境为目的的移民制度

保证迁出地环境承载力提升主要是从加快当地植被覆盖面积，增强土壤肥力，增加动植物数量等方面展开，这也是从自然力恢复理论的角度来强调生态系统演变、改善的重要渠道，并强调自然生态系统不仅需要依靠自身质量进行复原，还应该通过外界助力来让整个恢复过程更加顺利、迅速。在这个理念下进行的生态移民，主要可以分为以下两个方面进行阐述。

1. 针对自然保护区的生态移民

这里的自然保护区主要是通过国家规定并给予部分地区特殊政策以及

具备特有功能的地方，针对这些地区进行生态移民必须根据当地情形采取独有的措施，以此实现移民，同时加强对该地的生态保护①。近些年，国家对于像重要水源涵养地、防风固沙地与具有重要植被和动物的生态功能地区制定了生态功能区的保护和建设政策。在西部各省区，内蒙古、甘肃和青海等地区建立了地方级别生态自然保护区，辅助以移民安置政策，将当地居民迁移至更适合生存发展的地方，这样也能更好地展开对自然保护区生态气候的恢复，丰富环境资源。

2. 针对生态无人区的生态移民

此处所说无人区是指还未遭到西部贫困人口进行大规模开垦的生态无人区。为防止生态无人区被破坏，必须从源头上进行有效遏制，所以要借助生态移民形式将生态脆弱区居民进行定向迁移，预防他们在原本遭受生态破坏地区进一步开发，导致生态脆弱区逐步扩大。因为此处所言的无人区大多属于较为原始的自然保护区，可以仅凭自身修复功能进行植被生长恢复、土壤肥力的改善等。进行生态移民的首要任务是遏制生态破坏的持续蔓延，在保证不破坏绿色生态地区的前提下将移民按照计划进行安置，并保证以后也不会有其他移民对这些无人区进行肆意开发。

三、西部不同迁移距离的移民制度

因为迁入地离生态脆弱区距离的远近也是影响生态移民政策实施的关键因素之一，不同距离自然导致移民规划、迁移方式和后期安置等工作有着各自差异。所以，有关西部地区生态移民制度也会根据距离的远近而有所区别。根据距离的远近可以分为以下三点来谈②。

---

① 周侃，樊杰. 中国欠发达地区资源环境承载力特征与影响因素——以宁夏西海固地区和云南怒江州为例［J］. 地理研究，2015，34（1）：39-52.

② 张小明，赵常兴. 诱导式生态移民的决策过程和决策因素分析［J］. 环境科学与管理，2008，33（5）：180-185.

（一）远距离的生态移民

针对此类距离较远移民的异地搬迁，通常是指因为迁出地与周围资源较为紧缺或者不足而只能采取移民搬迁的方式，通过生存在较远且适合居住的地方来摆脱现状，现实中主要是以市级范围内或跨省移民为代表。由于距离较远，所以两地之间气候差异、生活习惯与居住环境等有着很大的不同，这对移民者适应迁入地也造成不小的困扰。

有学者对距离较近的移民成效有所怀疑，认为只有在相隔较远的两地之间实施生态移民才有可能更好地实现对生态破坏地的保护与修复，并且能够让移民在迁入地获得更优质的生活资源。因为对远距离的生态移民而言，有更多可选择搬入的空间范围，并对生态脆弱区的修复也能起到更为积极的保证作用，但相对而言，这种移民因为距离的原因而需要投资更多的金钱与人力。此外，由于移民对较远迁入地气候环境、生活方式和语言文化等方面不适应，也可能让他们在迁入地无法尽快融入社会，甚至出现返回原居住地的情形①。所以，针对跨地级市或者跨省之间的生态移民，更需要针对此种情形制定出适宜的生态移民制度，保证供给方面的充足，减少远距离搬迁所造成的冲突。还需要对移民安置后搬迁者的生产工作情形，安置后子女上学和就业，以及当地福利政策的享受情况等投入更多关注。对远距离生态移民而言，户籍问题的解决尤为重要，因为这也是对移民者在迁入地享有永久居住权的根本保证，让他们能够在新的环境下更安心地生活。

（二）近距离的生态移民

近距离的移民搬迁主要是指在生态脆弱区内半径为 5 千米左右的移民搬迁，这类搬迁因为距离较近所以更好规划与执行，两地之间的气候、文化以及生活习惯等差异较小，也有助于让移民者顺利适应，这种移民方式

① 张小明．西部地区生态移民研究［D］．咸阳：西北农林科技大学，2008.

被西部各省区多地采用。距离较近的生态移民主要是针对居住在深山地区或者道路交通极其不便的贫困家庭，可以通过为其在公路边或者靠近较为发达的地区进行安置，不仅能解决他们维持基本生活的条件，还可以更好地实现资源最优化。

这种距离较近的生态移民也有自身操作上的弊端，例如是否能在5千米范围内找到真正适合移民者居住的环境，并且当地生态环境是否也适应外来人口迁入。当然，如若能找到适合搬迁的地方，那么相关水、电、气等自然资源可以更方便地传输到新的居住地，还能减少相关基础设施建设的资金投入。所以，就目前发展情形而言，距离较近的地方建设新村的形式也是最为方便、可取的一种移民形式，因为会对全新地区文化环境、自然气候与生活方式产生强烈陌生感，移民者更像是在自己原居住地新建了一栋房子继续居住，可以更好地适应并且获得更强的幸福感。此外，近距离的移民搬迁制度也会因此而更加简洁明确，不存在对相关户籍管理、农民土地的重新调整，而是可以将相关补助与安置后任务作为核心工作。

近距离的生态移民也有其与生俱来的弊端——可能会过度夸大迁入地的环境承载力，因为与原生态脆弱区距离较近，并且对当地社会经济发展状况以及自然资源情形等无法科学核准，极易造成第二个环境脆弱区的出现。因为新的移民迁入地是与原生态脆弱区距离较近，所以两地自然气候状况和生态恢复能力等方面都有着极其相似之处，如果当地出现生态环境超负荷运转，可能再次对迁入地造成严重的生态破坏，产生与迁出地集中连片的环境问题。所以，必须在迁入地的选择上针对环境容量、自然资源等方面做到准确计算，在选取好地址进行移民搬迁之后，也应该同时提升当地环境承载力，这也是距离较近的生态移民制度所应包含的主要任务，需要预防上述问题出现。

（三）适中距离生态移民

距离适中的移民搬迁主要是以生态脆弱区为原点，向外半径延伸5千米至100千米的距离选择较为适宜的迁入地。更像是在本地县级范围内进行移民搬迁，因为本县境内的生活方式、环境气候以及风俗习惯等差异较小，可以减少移民搬迁成本，同时也有助于移民者适应迁入地，迁入地的选择范围也相较于近距离搬迁而言更为广泛。

此种距离的生态移民最大的好处是不改变移民行政管辖范围，能够保证移民者在与原来生活较为相似的地区继续维持原本生活习惯，并且能在县级地区内找到环境承载力更好、经济发展较迅速的地区，以解决移民者自身生活工作问题，同时也能促进本县经济发展。

四、西部不同生产方式的移民制度

更新生产环境是提升移民者生活与工作环境的主要途径，因为所谓生产方式是指人们用于生存与发展所必须借助物质生活资源来维持生存的主要形式。生产方式的改变与优化不仅影响着每一个家庭的生活状况，更是使当地居民的生活、居住以及交流等方面都会随之改变。不同地区生产生活方式的改变也对移民制度有着更为严格的要求，所以，生产方式对移民制度的影响分析不仅要注重对生活方式的考察，还需投入更多的精力在移民群体的生产方式上。生产方式的改变对原本在生态脆弱区的移民而言，就是要摒弃原先赖以生存的农牧业形式。就目前而言，生态移民生产方式的改变主要表现在以下几个方面。

（一）农村入城的移民

将城镇选为移民迁入地最大的好处是可以充分利用当地以及发展较为完善的行政管理体系、经济发展水平与文化娱乐设施等，借助当地较为充足的基础设施建设和福利政策，让移民人员能够更好地摆脱生态脆弱地区带来的生活发展方面的限制。将移民直接引入城镇的生态移民政策具有以下优点：第一，可以借助当地发达的交通和便捷的信息传递方式，让移民者能够更好地掌握就业发展信息并提升自身技能来重新找到更为稳定、收入较高的职业。第二，正如前文所述可以让移民与当地居民共享当地基础设施建设，借助新增人口来推动当地经济的进一步发展，在某种程度上，对当地学校教育、娱乐设施和商品市场的建立健全提出更高要求，可以借助政策扶持来将这些功能和结构进一步完善，让移民者享受到更为人性化的设施建设。第三，能够借助外来人口推动当地经济进一步发展，依靠人口压力来推动当地产业的优化与升级，地方政府可以以中央政策方针为指导思想，推动经济进一步发展，同时更好地实现当地居民生产生活方式的改善。

但这种将移民者由原来所从事的农牧业直接转入城镇就业也同时存在着如何发展就业、怎样适应社区生活方式等问题。如果在这之间存在一个过渡期，其效果应该更加平稳、合理，并且不会存在较为严重的大面积失业情形出现，将其转入城镇生存的同时，还能继续维持原本职业劳作，预防搬迁直接割断移民者依靠的收入来源，同时加大财政救助负担。因为生态脆弱区居民大多是以农牧业为生，且这些产业对农民文化水平、年龄等要求较低，更容易让他们上手学习并能较快地将劳动力投入生产工作之中；如果农民直接搬入城镇地区生活，分配不到充足的土地，只能依靠当地产业为他们提供一定数量的就业岗位，但由于这些岗位对技术能力有一定的要求，因此可能导致移民者无法就业。此外，因为原本居住在农村地区的搬迁者的生活习惯与城镇地区居民也有不小差距，如果不能在短时间内消除这种差异，极可能会导致生态移民效益持续降低。而且在迁入地生活成本也相比于农村地区而言更高，移民者如果在迁入地不能尽快解决就业问题，只可能让其原本较低的生活水平更加难以维持，甚至出现深度贫困的情形。

这种移民搬迁的形式是要求移民者在进入城镇后必须完全放弃原有的工作，在迁入地寻求新的职业，并要求他们能够和当地居民一样通过技术来谋求更好的就业岗位，这对移民者自身能力和素质要求较高。

（二）牧业转农业的移民

这种移民形式主要是针对西部草原地区游牧民，为实现对当地草场植被恢复、缓解草原承载力，而且在迁入地无法找到充足草原来让这些移民继续维持原本工作。牧业向农业转变，需要将农业与畜牧业相结合，更准确的是要将农业作为移民主要经济收入和粮食获取的重要来源，再配以适当数量的牲畜养殖。此外，还可以借此拓宽移民者的收入渠道，不再仅靠某种特有的简单劳作方式来获得收入。因为畜牧对草地要求比较严格，当地畜牧者必须依附在某片草地上生存，这对其子女享受教育和维持基本生活而言是不小的阻碍，所以通过生态移民方式将其搬迁至其他地区，能够实现为移民者提供较为充足的耕地来保证粮食和收入，同时还能让他们与当地居民一起享受基本的养老医疗设施，接受先进的文化思想。

牧业向农业的转化，实质上也是一种生产方式的转变，这对于劳动者自身技能素养和外界政策扶持都有不小的要求。生态移民后，大部分依靠游牧业维持生计的家庭可能会出现大量失业问题，这不仅会导致移民者丧失生活工作信心，还可能降低移民工程的实施效率。对这类人群而言，凭借养殖牲畜来维持生计是他们唯一依靠，也是祖代相传下的基本生活技能，就像一种生活习惯跟随着游牧民，无法轻易摆脱或改变①。所以就需要当地政府部门在对其做好充足移民思想工作后，在搬迁安置后期对他们进行定期培训，不仅是教授简单的农业种植，更要将最先进的大棚养殖、滴灌技术等传授给移民者，让他们能够在新的生存环境中借助地理位置优势与政策扶持力度更好地适应新生活，推动生态移民的实施，并且实现草地环境修复与移民脱贫致富的双重目标。

由牧业向农业转变的生态移民必须在当地政府主导下进行，并将这种

① 武永亮，李沐凌．三江源生态移民的社会适应与思想政治教育［J］．青海师范大学学报（哲学社会科学版），2016，38（6）：160-164.

转换按照合理的程序渐进式推动，从而实现移民者在迁入地采用农业为主、牧业为辅的生产形式工作。这也要求负责生态移民的地方政府必须按照当地实际情形制定出适宜的移民辅助政策、迁入地土地划拨政策，做好住房安置、子女入学等工作。在整个产业转化过程中必须依靠政府制定的政策确保让移民者能够在新环境中从事倾斜性的生态农业种植与圈地式牧业养殖。

（三）农业转农业的类型

这种移民类型主要是将搬迁者从生态脆弱地区转入另一个适宜发展农业的地区，并在尽可能小的区域跨度间进行移民。这种方式对农业种植方式、农作物类型与农户对气候自然状况了解程度的差异性相对较小，有利于进一步推动移民农业转移。这种移民形式无论是前期规划还是实际执行都比前两种移民类型更加简单，西部大多数省区都是以这种生态移民类型为主。

农业向农业转化的移民模式最大的特点就是在不改变原本生产生活方式的前提下，只是将移民者赖以生存的土地进行转变，例如从深山到平原、从丘陵到川原等，耕作方式和生产资源基本不受移民干扰。当然，这对于迁入地的土地政策要求相对较高，因为要保证移民的农户在迁入地也能获得相当数量的耕种地，故移民政策应在不损害原居民利益的前提下制定并实施。

要保证移民拥有充足数量的土地，以及移民对宅基地享有长期使用的权利，这就要求西部各地区政府必须做到以下几点：第一，根据移民搬迁每户的人口数量划分适当的宅基地面积，并针对每个家庭人口数分配农业耕地面积，将土地长期分配给这些移民者，并与其签订土地承包合同，做到从根本上保证移民者能够平等地享有自主生产权利、土地承包权利以及生产收益权利。第二，借助“公司＋基地＋农户”模式在迁入地进行适当的农业生产与开发，在保证移民者都能分配到适当数量的土地前提下，将重新规划好的土地转让给承包户，在政府政策引导、企业自主参与和农民共同管理的情形下，发挥此种新型土地管理与规划的模式，提升土地的集约化程度。第三，对迁出的草地、耕地等退耕还林，聘请专业人员对这些被过度开垦的土地进行管理与恢复，使经济发展的同时保证生态环境逐步改善。整体而言，土地政策对生态移民而言是核心部分，也是确保移民者能够在迁入地继续维持生存的基础条件，农业相关政策与制度规范与完善应注重这方面政策供给。由农业向农业转化的移民形式对土地政策要求更为严格，因为只有明确迁入地土地分配与规划政策，才能确保移民得以维持基本的生活状况。①

五、西部不同安置方式的移民制度

对生态脆弱区移民进行搬迁最终是要实现对其在迁入地移民安置，这也是整个移民工程中的重要环节，甚至会直接影响到生态移民政策实施的好坏与否。对于搬迁安置工作，可以通过两个方面进行分析论述：对于迁移层面可以包括整体和部分两种迁移方式；从安置层面可以分为整体与分散的安置途径。在实施生态移民的过程中，更多地是将移民与安置进行有机融合，移民安置的类型有以下几种。

（一）整体迁移配合分散安置

因为每个迁入地区的环境压力和人口承载力等条件不同，此种方式可以减轻一次性搬迁给当地政府带来的经济压力，充分利用各迁入地自然资源和基础设施优势，帮助移民者能够更好地适应整个移民过程。这种将移民整体迁移然后再分散安置的形式实际上可以理解为将某一特定贫困地区的移民全部纳入生态移民的范围之中，并将其分散安置在各规划好的迁入

① 冯英杰，钟水映．生态移民农地流转及其收入效应研究——兼论生态移民土地政策和要素市场扭曲的联合调节效应［J］．经济问题探索，2019（4）：170-181.

地，这样不仅可以将整个搬迁难题逐步划分成小份从而逐步实现，还能消除集中搬迁对于迁入地人口和资源的压力。但是分散安置也有其自身弊端，它需要当地政府划分更多的人力、物力、财力来充分协调好各迁入地区的安置工作。

分散安置的形式可以与移民者投靠关系较近的异地亲属结合起来，因为将移民者搬迁入一个完全陌生、生活生产方式差异大以及文化习惯等不同的地区，会导致他们产生较大的落差感，不利于其更好地融入全新的生活环境。当地政府可以在进行分散安置前，鼓励移民者采用投靠关系较近的异地亲属形式选取更适合自身生存发展的地区，这样不仅可以减少政府的工作压力，还可以缓解移民者在陌生环境下的生存压力。由于大部分投靠者都会选择一些生活质量较高、地理位置好且交通便利的城镇地区；还有一部分从事农业者更愿意选择有充足、肥沃土地的搬迁地区，方便以后生存发展；也有一部分移民者选择生产力水平较高、产业结构较为完善的城镇地区从事农业以外生产，因此无论是哪种移民迁入地选择，都可以让移民者摆脱原先贫困地区的发展限制，从而实现脱贫致富的目标。

（二）整体迁移配合整体安置

顾名思义，这种方式就是将需要搬迁地区的居民进行整体转移并将其全部安置在同一地区，从而实现在不改变原有社会关系的前提下进行移民搬迁。这也要求负责生态移民的地方政府务必选取好适宜这类群体生存的迁入地，当地自然资源与基础设施等能够满足大量搬迁者的生存需求。这种搬迁可以借助在移民迁入地建设新村的形式来对移民进行妥善安置。这样做不仅可以让移民能够在保持原来社会生活关系的前提下进行移民，并且对全新建立的村落更具有发展潜质，使移民者能够更好地团结起来共同推动迁入地的经济建设，使经济能够更为平稳发展并实现移民者自身经济收入的增加。这种移民安置的形式可以更好地使当地生态环境能够在合理规划的范围内进行运转，并实现移民者在迁入地稳定生存，政府对移民地选择和搬迁投入相对较少。但也有其弊端，因为搬迁人口基数大，从而导致整个移民安置工作耗资较多、时间长，需要为全部移民建立起学校、医疗等基础设施，并在迁入地为经营农业的居民在有限资源上重新划分土地。

（三）部分迁移配合分散安置

这种模式是将生态脆弱地区居民进行打乱分散，然后安置到其他地区，以减少每个迁入地的人口压力。部分迁移配合分散安置与上述几种迁移方式也有许多相似之处，还是在移民搬迁之前将迁出地居民进行分散化安置与管理，按照事先选取好的地区来将移民进行分散搬迁。此类搬迁形式看似将搬迁问题分散处理，更加简便，但实际安置过程中增加了更多的工作压力，实际操作程度也并未有预想的简单。首先，要选择与确定部分需要移民对象。因为各生态脆弱区移民者存在着很多问题，不仅要求当地政府部门应按照安置相关规章与条例对所有需要搬迁者进行移民安置，还可能由于某些原因无法在预定期限内进行安置，甚至使相关部门对整个生态移民工作不够积极主动，导致生态移民目标选择难以确定，并与移民政策执行工作人员产生不必要的冲突。其次，部分搬迁与分散安置的政策不利于整个移民政策的落实，例如对于安置补助资金发放造成不小的困扰，对所有需要移民搬迁的人员不能及时有效管理，很难在有限时间范围内实现整个生态移民目标。针对搬迁到较远乡镇的居民，因为行政隶属关系改变，负责生态移民地区政府制定的配套惠民政策也无法很好地做到有效落实，甚至出现法律缺位。

（四）部分迁移配合整体安置

部分迁移是针对生态脆弱区内一部分已经符合迁移条件且积极主动要求搬迁的居民所实施的移民政策。通过将其统一安置到适合生存发展的地区，对他们进行整体安置，更有利于组织化管理和协调工作展开。因为移民工作复杂且迁移所需成本较高，这使身处贫困地区自身经济能力较差的农户不愿意积极主动参与到移民搬迁工作中。此外，由于搬迁者自身思想较为固化、安于现状的思想导致其不愿主动走出目前生存发展的困境而更想维持当前生存情形。甚至会造成生态移民资金无法发挥其应有的积极效应，从而阻碍移民项目的进一步展开。但从生态移民的初衷来看，无论移民者经济条件的强弱，都需要改变当前经济发展局限性和修复原已被损害的自然环境，以实现生态承载力的提升。因为从事农业、牧业对当地环境损害程度会持续加深，所以为实现环境改善目标，需要对这类人群尽快开展移民搬迁，这种部分迁移的模式在早期移民中经常被采用。伴随移民工作的持续展开与深化，经验的积累和政策扶持力度的加大，当地政府部门更愿意采用整体搬迁的形式。即便是展开部分移民搬迁，但对迁入地选择也应保证科学、合理的规划，让移民者能够在一个适宜的地区继续工作生活。这既需要尊重移民者自身的想法意见与风俗习惯，还应对整个搬迁安置工作进行充分规划，保证移民者顺利搬迁与稳定安置。

地方政府对部分搬迁对象的选取要做到明确细化，可以将其分为以下几种：第一，在愿意积极配合移民搬迁的居民中，选择劳动积极性较高且吃苦耐劳的移民者，他们对改变目标生活状况的愿望最为强烈，不仅可以保证移民者能够充分利用移民的相关补助，还能更好地借助当地发展条件和优势，来保证移民工作的顺利展开，将这些移民者作为搬迁安置的榜样同时可以激励其他人。第二，对搬迁人员可以选择身体健康的中青年，他们对新事物接受能力相比其他人更快，也能在了解移民工作目标的前提下，积极配合移民政策开展，推进移民工作持续进行。这两点可以充分体现出部分搬迁形式对移民者的选择上具有较高要求，必须对是否符合充足经济能力、自愿性和文化素质等方面做到准确考核。在移民政策执行的同时也应遵循政策公开、公正性原则，部分地区选择通过名单公示的途径来保证信息透明度，使移民者对此类信息能够及时充分了解。这种生态移民模式也有其自身难处，需要根据分散迁移者自身能力、文化与习俗等进行分类，尽量将其整体安置到较为适宜的地区，这就需当地政府部门工作人员积极主动地与搬迁者进行及时、充分的沟通协商。

第五章　生态移民社会权的实现路径

第一节　完善对保障制度的合法性构建

一、建立生态移民补偿机制

这项制度建立的目的是对造成环境污染或加重环境恶化的公民进行管制和解决环境修复问题。在具体实施过程中，应向造成环境污染以及对资源进行过度开发的人员收取相关费用，且对情节严重者，应剥夺其开采资格。所收取的费用则应用于补偿受损公民以及修复当地环境，借此方式来调解资源开发者与因资源开发而遭受损害者之间的利益关系。此外，对生态移民者的补偿和对迁出地的生态环境恢复不能仅依靠于单一的资金救助，更应该多方式进行救助，例如技术帮扶、治理帮扶或者实物帮扶等。①

生态移民补偿机制建立的最初目标就是为实现“退耕还林、退耕还草”，让原本生态环境脆弱、资源匮乏的地区环境可以逐渐恢复到原有状态。移民工程从制定到实施足以说明中国对生态环境建设、循环经济发展

① 魏晓燕.少数民族地区移民生态补偿机制研究——以自然保护区为例［D］.北京：中央民族大学，2013.

的重视并意识到西北生态脆弱区的发展困境。该项机制的构建，不仅可以解决目前国家生态移民工程资金来源单一、拨款不足等问题，还能够从专项资金这一实际问题入手，为生态移民的救助以及生态脆弱区的修复起到救助金上的保证，维护整个工程以及保障后续工作能够顺利进行；还可以对生态脆弱地区的生态利益格局进行重新、合理分配，将迁出地的生态效益与迁入地的经济发展相协调，以此促进西部地区的绿色经济发展。通过对生态迁入地的政府、有关机构以及企业的资金救助与生态补偿者给付相关金额进行统一化管理，共同投入生态移民工程之中，完善对搬迁者进行“造血式”的救助形式，可以实现发展与环保双目标。

对于生态移民补偿机制责任的主体问题，已经在近几年的相关政策与制度中明确，即中央政府与地方政府部门相结合，作为生态移民补偿机制管理与实施的主要责任主体①。中央政府作为针对生态移民工程以及生态补偿机制的构建提供主要的资金补给，还要承担对各地区生态脆弱区管理的宏观调控以及总体法律规章制定的工作；地方政府需要根据各地区的实际情况对总的方针政策进行科学、合理细化，针对本地方的特殊情况进行有效管理，并与当地生态补偿机制的负责人进行及时有效的沟通，对在生态脆弱区实施污染的群众进行监督，以及对搬迁者的帮扶工作进行共同协助。此外，还要注意对生态环境发展以及搬迁工程的实施对就业率的影响，因为生态移民而导致部分公民丧失原有的工作条件以及发展机会，理应对该类人提供一定的资金救助并在迁入地对其进行技术培训以此增加就业率。生态移民补偿机制的构建与执行都是由国家与政府进行双向管理与规制，对生态脆弱区与当地原住居民的生存发展进行合理有效地补偿。

① 张超 . 生态保护补偿研究［D］. 昆明：昆明理工大学，2017.

二、建立生态移民资产预估制度

对于因生态移民而失去原本固有财产的数额与物品也应纳入救助补偿的范围之中，因为这些物品可能是这类居民赖以生存的基础，抑或是家里固定资产的重要组成部分。此外，生态移民虽然在中国已经施行了十几年，但现阶段并未对生态移民的补偿标准作出明确规定，实际运行中也仅仅是简单地以直接损失为主，并不包括因生态移民所造成的间接损失。但在实际操作过程中，许多直接损失无法用具体金额进行衡量，比如生态移民原本依靠的农耕收入，农业收入依靠天气状况的情形较多，影响每年收入多少的不确定因素过多，对这类居民就无法做到科学、合理的经济补助。因此，最好的方式是运用精准的科学理论、正确的核算方式以及对生态脆弱区各行业发展状况进行调查与分析，只有这样才能够为生态移民补偿机制的建立提供更为合理、准确的执行依据。

对于生态移民的折损评估可以借鉴工程项目之中检测评估的模式，对在项目建设与安置过程中因受其影响而造成移民损失的数额进行评估。施国庆教授将生态移民者日常工作与生活水平的综合评估体系总结为以下五个方面。

第一，自然环境。其中主要包括人均耕地面积占有率、人均后备资源占有率以及人均矿产资源占有率等。第二，经济收入水平。是以当地常住人口平均收入、人均粮食占有率，以及外出务工人口收入等内容为主。第三，生产水平和条件。包括交通条件、农牧业科学技术水平、气候条件以及资金融资水平等。第四，生活水平与基础设施条件。其中包括医疗、卫生、教学与文化生活、商业服务网点等。第五，居住环境。分为自然环境与生活环境两部分，一部分是社会环境，即生态移民群众原本居住的地区状况，左邻右舍的相处模式，亲朋好友的亲疏远近，以及宗教信仰程度和当地传统文化特征等①；另一部分是自然环境，细分为生态移民者原本居住房屋面积、房屋新旧程度、房屋质量以及住宅区环境等。

三、建立生态移民补偿标准听证制度

对于生态移民补偿标准的具体确定，不仅涉及移民搬迁者的救助形式，还牵扯国家政府对于生态移民工程有关资金的划拨问题。但是对补偿标准的制定，不能在全国生态移民范围内“一刀切”地采用相同的标准，而应依据每个生态脆弱区的具体情形以及结合当地居民的经济收入状况、当地政府的财政能力等因素制定出合理的补偿标准。所以，对生态移民补偿标准的制定可谓烦冗复杂，如何按照科学、有效的方式制定出适宜各个移民地区的补偿标准是实施生态移民工程中的核心问题。对于像如何制定出合理的生态移民补偿标准这一法律问题，同样存在着追求实体正义与程序正义两大难题，由于程序正义是实体正义的基础，所以追求程序正义有着极强的现实意义。

在生态移民的补偿标准制定中，实现程序正义的主要方式就是要设立听证程序。听证制度要求政府与有关部门在做出某种可能会影响到公民个人利益的决策时，特别是在对其产生不利影响的情况下，决策正式做出之前，应该给相关公民发表意见、举证的机会，并要求国家政府、机关部门务必积极听取意见、接受其列举的合法证据的一项法律制度。因为以最大限度制定出一套符合当地生态搬迁的标准势必牵扯许多主体的合法利益，听取当地居民、企业，以及政府部门的意见极其重要。这样既可以减少因为移民工程引起的社会矛盾，还可以切实保护各方利益，使所有的权责关系达到一种较为均衡的状态，最终实现对实体正义的弥补。实体正义得以

---

① 施国庆，严登才，周建 . 生态移民社会冲突的原因及对策［J］. 宁夏社会科学，2009（6）: 75-78.

实现的先决条件就是需要程序正义，有时程序上不公正带来的负面效应远大于实体不公正带来的负面影响。

第二节　强化政府部门的执行效力

在现实生态移民过程中，经常出现各种各样的情形，为提高生态移民的工作效率，务必整合全部工作力量，协调好各部门之间的工作衔接问题，降低执行成本，提升执行效率。为实现这一目标需要做到以下几点。

一、提升执行政府的等级

因为基层政府部门的工作成效未能达到预期目标，改善这个状况最好的方式就是将生态移民工程的执行政府等级提升为较大的市、省，必要时可以由中央进行垂直化管理，对当地生态移民的执行工作进行统一规划与监管，这样就可将执行力量进行统筹，针对各地区的实际需求划拨相应的人力、物力以及资金等。这样既可以促进生态移民项目方案能够更为科学、合理并具备可操作性，还可以有效利用全部生态移民资源，避免出现因生态移民执行不当而对生态环境脆弱地区造成“二次损害”，甚至可能出现“二次搬迁”不良后果的情况。

生态移民工程的实施就是为了从全国范围内消除生态脆弱区的环境问题，并实现对当地居民的生态搬迁从而提升其生存发展水平来改善自身生活状况，将人口发展、环境保护与资源节约三个目标协调规划。

二、完善组织机构的管理

（一）完善上级的领导机制

由于政府部门都是以上下级的垂直领导为主，为提高生态移民的执行领导层级可以设立移民搬迁专项领导工作小组。该小组是以议事协调工作为主，集中精力于生态移民工程的调查与研究，针对各个地区生态移民的实际情形以及需要生态修复的难易程度等，制定出适宜当地生态移民政策与后期安置问题处理的方案。为生态移民工程实施提供完善、可操作性的智力支持，同时协调各方工作任务衔接，对整个工程实施过程进行动态监督，借此取得预期帮扶成效。

（二）深化政府的体制改革

所以必须对生态移民工作进行精确化、合理化的分工，这就要求将政府管理体制改革作为一项长期的任务，必须以精简人力、高效监管、统筹规划为前提，把握好改革的关键点，再将政府履行管理职责与市场供需关系进行有机结合，清晰各主体之间的权责划分。体制改革主要是为了构建一种政府各部门的行为规范、信息公正透明、运转协调以及高效廉洁的行政管理体制，此外，还可以适当引入公司化的管理方式，推动政府与公共管理体制改革，全方位优化职能格局，统筹所有优质力量，并做到降低管理成本，提升生态移民政策的管理效益，推崇绿色高效的可持续发展管理运营模式。

（三）推进法治社会的建设

法治社会的建设是将社会中所有与公民切实利益相关的事项都归于国家法律规章制度的范畴之中，通过国家的公权力来对事务、行为进行合理规范，对违法事项进行有效遏制的一项社会体系建设工程。1997 年，“依法治国”作为中国共产党领导人民治理国家的基本战略被正式提出。近些年国家推进依法治国政策，要求对像生态移民这样的社会救助性质制度加强立法工作，并要做到根据各个地区实际情况作出适当调整，以制定出科学性、可行性的地方法律规章制度，借此充分发挥各地方政府相关部门立法的积极性，为全国范围内的生态移民法制进程的建设提供充足的法律依据。近年来，随着各个生态环境脆弱区移民政策不断推进，生态移民整个工程的具体实施以及搬迁者享受的经济补贴等存在一些问题，对生态移民的社会权救济的问题显得更为重要；生态移民法治社会的建设不仅有利于各迁出地与迁入地的社会经济发展，还有助于解决现实中出现的问题，维护社会稳定。逐渐推进法治社会的建设主要做到：在依法治国的政策引导下，兼顾各地区经济发展差异与生态损害的实际情形，推进全国各地方生态移民社会救济的法制工作，从而建立起完善、健康的生态移民区的社会救济法治环境。

（四）促进救助机制的构建

有关生态移民的法律规范必须是以协调政府部门与搬迁者自身行为以及合法利益为主要的设立基础，这就要求生态移民的法律规定必须具有实际的可操作性，并要符合一般法律规范的行为逻辑。各地区生态移民社会救助机制构建依据的法律规定必须是全面、详尽且符合当地实际情形的。这样救助机制的建设才可能是依靠法律规范的科学性、严谨性，实现保障生态移民社会救助权的长效机制。

近年来，生态移民的社会救助机制仍旧处于一种效用不足的状态，并未对生态移民的实际权利进行有效维护①。因为社会救助机制的职能缺失，既可能使生态移民的社会权在遭受外界因素侵犯时无法得到充足有效的司法救济，还可能因为司法救济方式的不完善而导致依靠法律的救济渠道不健全，导致生态移民大多数人选择静坐、围堵工作人员办公等不合适的方式来解决纠纷，这种寻求救济的方式不仅得不到应有的救济，甚至可能造成社会恶劣事件的发生。

与此同时，因为需要进行生态移民的地区多属于偏远、经济发展落后的山区，这些地方的公民仍旧保持着较为传统的思想，并未真正意义上将

① 田朝晖，孙饶斌，张凯．三江源生态移民的贫困问题及其社会救助策略[J]．生态经济，2012（9）：169-172.

社会救助归于国家义务范畴，将其认作政府“义举”，搬迁者之中的大部分人并没有认识到自己获得国家政府、机关部门的救助权利是法律赋予其自身的。针对生态移民搬迁地存在露宿街头的流浪人员，不清楚国家政府机关对自己有救济帮扶义务；部分生态移民因为在传统观念影响下，不愿承认贫困的具体事实，害怕因为享受生态救助而遭受其他居民的歧视，不愿对此主张移民后的其他救济性权利，应建立生态移民的社会救助制度的长效机制，逐步通过法律途径来明确生态移民的社会救济内容等，让所有应当被纳入受助范围内的群众都能及时享受到应有的帮扶待遇，减少因为社会救助权的泛滥而出现的各种违法情形。

（五）完善民众参与监管的作用

因为生态移民迁出地居民的文化水平普遍较低，而且由于移民工程的信息公开化不足、相对信息衔接不够以及公民对政策理解产生偏差等，造成部分移民者的生活在搬迁后仍旧处于贫困状态并且不懂得用合适的方式来申请救济。此外，对于生态移民的社会救助的管控机制履行职责的不到位，致使与生态移民相关的社会救助资金以及物资等缺乏充足的管理。针对上述问题，务必加强对生态移民社会公众监管制度的建设，为此不仅要求负责生态移民的政府部门及时公开有关生态移民的救助信息，还需对生态移民者的咨询做到及时、全面的答复，从而实现对生态移民公众参与度提升；还应当建立针对资金管控、划拨等重大事项的监管部门，借此保证对生态移民的社会救助资金的合理利用以及实施的信息公开。

三、完善搬迁者社会权的法律保障制度

（一）建立健全搬迁者的参与、申诉机制

1. 提升搬迁者在移民过程中的参与程度

生态移民作为整个生态搬迁工程中的庞大主体，要将其搬入全新的生活环境，无疑是让这类人与原本的集体、社会关系彻底割裂，将原有较为

熟悉的邻里以及血缘关系较近的亲戚打乱再次分配到全新的居住环境中，使搬迁者对于社会环境的熟悉程度降低，并造成社会凝聚力的逐渐削弱。所以，若想要生态移民达到预期的效果，必须将保护移民者的各种切身利益作为首要目标，最好的途径就是提升这类公民的社会参与度，让他们能有更多途径来表达自己内心的想法。移民者作为整个生态移民工作的重中之重，移民者的参与必须渗透到任何有关移民的决定与措施之中，让他们发表自己的看法。这样不仅可以避免搬迁者对移民工程中重大决策的不理解、不支持，还可以使其在熟悉相关事项后发表自己意见来促进决策的进一步完善，最终让生态移民决策达到预期效果。

移民者的参与权是其发表有关移民工程意见的主要途径，所以参与度必须贯穿生态移民工程的各个阶段，确保移民者的实际参与权的实现。从移民工程启动到安置阶段，为了给移民者提供充分发表意见的机会，可以将参与权的实现形式扩展到以下几种方式：参加生态移民政策的宣传会，召开移民规划座谈会以及分发填写移民规划调查问卷等；在后期补偿阶段，移民者的参与权可以借助对移民补偿方案的提问、发表意见等方式来实现，此外，移民者还可以对补偿的标准进行询问以及对补偿程序、补偿的效果等进行监督与检举；移民搬迁时的参与权主要包括，对于现阶段移民安置方案进行发表意见，参与到搬迁运输以及对安置房的建设、迁入地的公共设施、向搬迁者重新划分田地等；在生态移民搬迁后的安置阶段，移民的参与权主要体现在未成年子女的教育问题、失独老人的抚养、丧失劳动能力者的救济等方面①。

生态移民者的参与应该是对生态移民政策全过程的参与，并且要做到对不同阶段所享受的参与权程度以及参与权所针对的内容各有差异，但生态移民参与权实现的最终目标是统一、确定的，即借助移民者在调查、规

---

① 王艳梅 . 内蒙古生态移民的权益保障研究［D］. 沈阳：辽宁大学，2011.

划与管理等过程中的参与程度，来实现生态移民对于将来土地资源、生活条件、社区环境等方面进行及时的沟通与谈判，还可以赋予移民者对在新环境下的生产生活方式以及重新获得就业教育等事项进行决策的权利。所以，保证移民者的参与权的过程，也是提升政府公信力的过程，是减少并化解社会矛盾、推动生态移民有效进行的重要方式。

2. 扩大政府部门对于移民信息的公开化

收集生态移民的相关信息是搬迁者参与到整个移民工程的首要前提条件，也是弱化政府与公民之间矛盾的主要途径。在生态移民政策实施之前，迁出地政府部门、机构、单位等都必须将国家制定的生态移民政策进行广泛宣传。由县乡一级的政府机构传达到村委会，再由村委会的工作人员通过召开会议、张贴公告以及喇叭宣传的方式将生态移民的重要内容传递给每一位需要搬迁的居民。在移民正式开始之时，就需要各级政府部门对补偿政策、资金划拨监管方式以及安置后服务政策继续宣传，例如在搬迁后如何对搬迁者补偿新的房屋住宅、对未成年子女的义务教育问题、对失业者如何进行技术培训等问题的解决方式都要详细分类列表制册，将生态移民的宣讲册分发到每位搬迁者手中。在生态移民工程基本完成之后，对于每位公民的房屋补贴、救助资金划拨以及基础设施完善程度等基本情况进行公开公布，积极接受群众的监督与检举，对公众的疑问也要及时、全面地解答。

此外，对于如何将生态移民的信息进行公开也需要根据当地经济发展水平、公众受教育程度的因素而定，生态移民地区多处于我国经济发展缓慢的地方，这些地区的人们对信息化的网络社会并不是很了解，甚至还存在一部分不识字的公民。针对这些群众在进行信息公开之时最好通过召开村民会议以及喇叭宣传等途径，口头传达、解释的方式更能达到信息公开化的效果。

关于信息的传递方式，除了政府积极公开相关信息，还可以充分发挥群体的力量，可以借助村民、亲朋好友进行信息的相互传达，地方政府也可以借助民间组织的力量来为移民者搭建一个信息沟通平台。移民者之中的大部分人对政府决策的接受方式都是被动的，一般不会积极主动地了解、熟悉甚至是将其传递给其他人，这就需要政府部门加大信息的公开化以及丰富信息的传递渠道，加大重要决策的宣传力度，构建一个良好的阳光的政府形象。

3. 明确移民者的公众参与程度和申诉途径

能否明确移民者的公众参与程度以及申诉途径是保障生态移民者合法权益的核心之所在，但是，过于单一化的申诉渠道势必会对移民者的合法权益产生负面效应。所以，就需要生态移民地区的政府部门依据移民的实际情况，建立起多元化的参与申诉方式。从实践的角度来看，通过丰富参与形式、拓宽深处渠道既可以保证搬迁者的基本权益，还可以促进政府与公众之间营造一种和谐氛围，最终加强人民的维权意识。

在移民者参与和申诉的实现方面，地方政府部门可以依靠积极主动宣传、分发调查问卷以及召开动员会议，甚至是建立移民申诉意见小组等方式来实现移民者的公众参与权。要保证每位移民者参与移民工程道路的畅通、协调，保障移民者的意见能够得到有效回应，改善移民意见的处理方式。针对现实中存在的无处申诉以及申诉后问题未能有效解决的情形，政府部门必须建立起多元化的申诉救济渠道，确保每个渠道都能让维权者问题得到有效解决。政府部门不仅可以设立内部监督对移民工程运行状况进行监管，还可以借助社会媒体和舆论来对移民工程进行有效监督，并且确定信息化下的多媒体对于移民问题的申诉作用。比如，受侵害的移民者可以借助新闻媒体、网络软件和无线广播等媒介来获得社会大众的帮助。

4. 加强生态移民者参与和申诉的能力

因为生态移民地区的公众大都受教育水平较为低下，且他们所处的地理位置偏僻，导致其无法及时有效地接收到最新的生态移民信息，从而无法对生态移民相关政策进行较为及时、准确的理解。这一系列不利因素导致移民者即使参与到生态移民工程之中，也无法准确表达自身的诉求。最终让原本可以保证生态移民参与的有效途径流于形式，使得移民者自身的基本诉求无法得到有效落实。这就需要地方各级政府部门不仅要为移民者提供了解、参与以及申诉的救济渠道，更需要通过相关法律知识普及来帮助其更好地运用自己的权利。对于这类人群而言，政府部门为其开通救济渠道并教授他们如何正确行使自身权利是保障移民者实现参与和申诉权利的一项重要方式。

为加强生态移民的公众申诉能力，应当发挥移民代表的重要中介作用。因为生态移民牵扯的人数众多，政府部门以及相应机关单位无法每时每刻针对所有移民者的诉求做出及时答复，这就需要通过合理的方式选举出移民代表，将该地区移民具有代表性的要求进行汇总，代表全部移民来与政府部门进行沟通。所以，移民代表具有两项重要的基本职能：第一，要有足够的热情与精力，以及较强的沟通能力，与所有的移民者进行深入、全面的沟通，有效地将他们面临的问题进行筛选、汇总；第二，具有相关法律知识的基础，有及时掌握最新政策消息的渠道，懂得如何将简洁凝练的政策报道转化为通俗易懂的话语来讲述给移民者，以便让所有移民群众都能在最短的时间内熟悉、了解相关移民政策。

为加强生态移民的公众申诉能力，就必须以当地政府作为主要的义务主体，让其肩负起该有的职责来减轻移民者对搬迁地区的就业难度，从而建立起保证生态移民群众合法权利救济的最后一道防线。政府部门应当认真贯彻以人为本的原则，最大限度地保障移民者的合法利益，同时处理好移民者申诉难的情形。为此，政府部门必须逐渐深化内部改革力度，加强政府部门工作人员对于移民法律规章的了解、熟悉程度；提升生态移民相关对口咨询和服务工作能力；完善行政机关内部监督体制，借助公权力对公权力进行有效监管，协调各方合法利益，从而化解公权力与私权力之间的矛盾；鼓励公众以及社会媒体对移民工程中出现的问题及时进行指正，并做好对移民者的法律维权。

（二）完善公平、合法的生态移民补偿制度

1. 建立生态移民效益的补偿制度

生态补偿就是要逐步实现对生态移民项目中主体之间的利益关系统筹，即对生态环境的受益者、造成生态环境恶化的资源利用者征收额外费用，并对生态环境和自然资源的保护者、建设者以及受损者进行一定数量的资金弥补。在实际运行中，生态补偿不仅指的是有关资金方面的补偿，其补偿方式还包含政策、技术、智力以及实物等。简而言之，就是要做到将生态补偿机制转为保护当地生态环境、恢复建设的积极性，建立促进环境保护的利益驱动和各方利益的协调机制。

生态补偿在实际操作中主要存在于两个领域：一是在当地资源进行开发的过程中对开发地区资源环境及时进行生态保护与补偿，“退耕还林”是这种生态补偿的典型事例。二是对生态安全的重要区域以及需要重点保护的自然环境，在采取相关措施中对于因此遭受损失的公民予以一定数额的补偿，例如对自然保护区周围的居民进行一定数额的补偿来弥补这类人受到的损失。生态移民补偿更像是第二种补偿方式，依据受益者补偿原则，让在生态移民过程中获得生态效益的政府、企业以及相关公民承担生态移民者搬迁的一些经济负担，从而逐渐拓宽投资融资渠道。

对生态移民补偿制度的逐渐完善，首先要明确生态移民的主体责任，早在《国务院关于进一步完善退耕还林政策措施的若干意见》（国发〔2002〕10号）中已明确要求，“中央对生态移民生产生活设施建设给予补助。地方政府要搞好迁入地的生产生活设施建设，对生态移民的农户给予妥善安置，解决好他们的生计问题”。① 所以，生态移民补偿中的资金

① 国务院关于进一步完善退耕还林政策措施的若干意见（国发〔2002〕10号）。

补偿是通过中央资金划拨、地方财政收入来实现，即主要通过政府部门的财政收入来对搬迁者进行资金补偿、帮扶。国家机关与地方政府之间要构建协调管理机制，先是从宏观上针对不同地区生态损害状况以及经济发展水平进行勘察、了解，针对各地区的实际情形适时地调整政策，地方政府依据中央的政策方针再结合当地经济发展情况制定出具备可操作性的地方性规章制度，这样就可以将所有的政策、制度较为科学化地惠及生态遭受损害地区。此外，有一种更为科学的成本性生态补偿模式正在被理论研究者所普及，国家机关通过对给生态脆弱区造成环境损害、污染的企业主体征收生态税和环境税等，将征税所得归入改善当地生态环境和移民搬迁的经费之中，对于保护生态环境而造成当地居民无法正常生活工作的受损者进行合理的经济补偿、生态搬迁，对积极投入生态修复的政府、机关以及企业进行资金划拨①。

2. 设立生态移民资产的评估制度

建立健全生态移民的补偿制度首先要解决补偿的内容有哪些，移民者受损的财产范围、预期的经济收入以及发展就业机会是否都应算入移民补偿之中。但目前并没有对生态移民的范围进行明确规定，实践中对移民者的经济损失范围计数也小，无法对其遭受的所有损失进行全面覆盖。大部分的补偿范围也仅限于直接损失，而且以其中的有限损失为主。因为间接损失的计算方式复杂，没有具体的衡量标准，每个家庭的实际损失情形也各有差异，所以很难计算每位移民者的间接损失和无形损失。因此，建立一套科学、合理的资产评估制度是极其必要的，也是逐渐明确移民补偿范围，更好地将生态移民政策积极成效推广给每位移民者，最终实现生态环境修复与经济发展双重目标的重要保障。

① 曹莉萍，周冯琦．我国生态公平理论研究动态与展望［J］．经济学家，2016（8）：95-104.

对于补偿内容的确定必须是要将一系列具有相互关联的多层指标的体系作为分析与制定标准的基础，以此掌握生态移民群众在搬迁前后所处的生产生活发展状况的变更。所以，无论是有形还是无形、直接还是间接损失都应该列入补偿标准制定的范围内。

中国对生态标准的制定还不完善，可以参考国际上对该项内容的规范。例如世界银行的制度：必须对移民者所有损失进行全额补偿，损失财产的计算参考重置价格；因为移民而失去社会福利、丧失工作就业机会等，不能简单地凭借资金衡量的方式对其进行救助、帮扶；对于搬迁者的移民安置，必须是在结合其生存发展的原生文化基础上，为这些人安置一个可以接受的环境来保障其继续生存与发展。

西方国家对于无形财产价值的评估主要借助资源经济学分析的方式，例如美国经济学者提出的条件价值评估法，这套评估方法已在如美国、加拿大等发达国家与世界银行这样的国家机构中得到广泛实施。这套评估方法最大的优点就是将公共财产有形、无形的价值都囊括到总的价值评估中，相比于其他难以量化无形价值的评估方法而言显得更为科学、全面。所以，生态移民财产可以参考借鉴这套评估方式。

为进一步优化评估结果的完整性，应当在采取科学评估方法之时构建一套单独的评估机构，以防止政府机构、相关部门的行政干预，并要求评估机构的工作人员必须具备相应的基本资质能力。以美国为例，评估机构是由负责鉴定的专业人员、相应的主管部门与精通当地不动产价格评算标准的人员组成，并在实际操作过程中对土地价格的计算严格按照美国法令规定的土地评估标准进行。针对同一评估对象必须采用不同的评价方式同时进行评估计算，再取得最高价格。评估结果需要具备相关资质的工作人员进行复查，然后依据被征收者提供的财产清单，按照不低于评估对象的市场合理价格对其发放补偿金额。

3. 健全生态移民标准的听证制度

生态移民的补偿标准的制定与实施是与搬迁者切实利益相关的重大问题，所以制定生态移民补偿标准的过程是否科学、合理是所有人关心的核心问题所在，这就需要借助听证的方式来规范制定的程序。在实际工作中，要制定出符合所有利益相关者要求的标准是极其不易的。一般情况下，都是由中央或地方政府部门最后制定出生态补偿标准，这就要求制定者必须站在公平、合理的角度进行决策，在此之前务必充分做好调查、分析、预测以及拟定标准并召开听证会听取各方意见等准备工作。为避免政府部门所作的最后决策有失偏颇，引起不必要的社会矛盾，可以要求制定者在制定生态补偿标准过程中必须遵循一种令移民信服的法定程序，就是在达到实体公平之前，必须保证程序上没有任何大的瑕疵，建立生态移民补偿标准的听证制度就是一个比较好的方式。这样做的最大益处就是可以在吸收社会公众意见的同时将政府部门的决策内容更好地传达下去。这也是由听证制度的根本性质所决定的——国家机关做出与公民个人权益有极大影响的决策之前，必须为其提供发表个人意见、列举证据的渠道，并要求国家政府部门与机关必须主动听取这类人群的意见、认真检查所列举的证据。

搬迁者在移民工程范围内享有许多法定权利，这就要求国家必须在制定与其切身利益相关的补偿标准之前按照听证会制度来保障他们的合法权益免受损害。经过推荐选举出来的移民代表有获取听证会召开信息的权利，并享有对国家政府部门制定补偿标准理由、依据熟知的权利。对生态补偿标准的召开必须遵守公平、公正与公开的基本原则，即要严格国家规定的听证会召开的法定程序，让移民代表能够充分发表自己意见，保证陈述意见、举证、质证和申辩的权利。听证程序是制定生态移民补偿标准的前置程序，也是各级国家政府部门应该履行的一项法定义务，即必须充分听取和了解各方利益相关方的意见与建议，避免因制定的补偿标准与当地实际情形不符而损害移民者的合法权益。

（三）逐渐完善搬迁后的帮扶、救济制度

1. 提升生态移民的保障水平

生态移民者因为原生自然环境与经济发展水平的限制，使其长期处于一种弱势的状态，对于生态搬迁后遇到的工作、生活中所面临的风险和困难，为保证生态移民工程的预期目标得以完成，负责生态移民的政府部门、相关机构必须在完成基本住房安置工作以外，还需对其日后如何更好地工作、生活提供一定的机会与条件。

为改善移民者的生活状况而提供持续性的帮扶救助是政府在实施生态移民工程中的一项基本职责，这不仅是法律上应履行的义务也是道德上应尽的责任，让移民群体可以享受到比原来更好的生活发展水平。如果给移民者安置的生活环境比原先享有的更加贫困，就会使搬迁群众内心产生落差，不仅限制其在新环境中继续更好地生活，还会激化矛盾引发社会危机；如果给移民者安置的生活环境与其原本生活的环境并无区别，可能会让其无法深切感受到国家的惠民政策，同时也难以调动起他们积极提升发展能力、改善生活水平的信心。所以，必须按照生态移民政策向搬迁的居民合理地给予后期帮扶、救济，让其在新的环境下获得更好的发展机会，并通过政府部门帮扶让原本陷入贫困的人通过自身努力解决自身的基本温饱问题。

此外，对于原本从事农业生产的家庭，要保证他们在迁入地获得充足食物供给的基础上，为其提供可供种植、耕作的田地，提供移民者可依靠的发展基础，并配套相应的水、电、医疗以及教育等基础设施。对原本非农业生产的家庭，要逐渐按照城镇居民的低保标准将符合条件的搬迁者纳入其中，实现“应保尽保”；同时，要保证其积极通过“造血式”扶贫政策、东西部支援辅助以及其他渠道来改善自身生活发展水平。全面落实农村“五通”等惠民工程，逐步完善农村医疗合作保险制度，深化移民社会

养老保险、移民医疗保险以及移民社会救助等救济性公共政策。

2. 完善生态移民就业保障

需要生态移民地区的公民原本大都从事农业生产经营，所以对其安置的基本原则是在恢复其原有生产生活水平基础上，依照“因地制宜、靠山吃山、靠水吃水”的原则进行科学帮扶。即便是相对较为发达的迁入地，其公共资源也是有限的，所以如何在移民者搬入后对现有资源进行重新分配也是一项重点、难点工作，如果处理不好可能出现大量失业人群。迁入地相对城市化进程较快，并没有那么多可以用来耕种的土地，所以想让所有的搬迁者继续经营农业生产是行不通的。因为中老年接受新事物的时间较长、成本较大，可以让其继续进行农业生产、种植，并结合当地先进技术来完善特色种植、大规模养殖；对于中青年可以对其进行技能培训，让他们在获得一技之长之后在迁入地通过全新的职业来提升自己的经济收入。所以，在对移民进行安置后的扶持阶段，需要动用多个渠道、结合当地生产发展条件来帮助移民者进行二次就业，从根本上解决各级政府在生态移民安置中的难题。

具体而言，就是要做到针对不同年龄段、不同文化水平以及各自经济状况等条件，结合迁入地的各项就业、技能培训资源，通过政府带头组织展开各项培训工作，让他们都能实现自身就业①，需要做到以下几点。

第一，持续提升有关就业项目的帮扶力度，借助降低借款利息、专项投资补贴和开通专项贷款等方式来让移民者能够直接享受到生产开发项目所给予的资金帮助。第二，强化产业结构，生态移民政策要根据迁入地的实际经济情形与当地优势来发展特色产业、农产品加工业以及旅游饮食等服务型产业结合，顺势引进劳动密集型产业，持续增加就业机会，将人口

① 李霞，文琦，朱志玲．基于年龄层次的宁夏生态移民社会适应性研究［J］．干旱区资源与环境，2017，31（5）：26-32.

压力逐渐转化为人口动力；与此同时，做到对生产结构的调整，实现经济又好又快地发展。第三，可以结合当地城镇化建设中的一些工作机会，将安置后失业移民者引荐到这些建设工程中，这样既可以为搬迁者解决就业问题，并且能推进迁入地的城镇化建设。第四，为防止迁入地的生态环境承受不住大量人口所带来的环境压力，应在安置地的自然保护区加大对生态环境的管理力度，可以设定自然保护区管理与修复的工作岗位，解决一部分移民者的实际就业问题，同时维护生态环境。第五，帮扶私营企业发展、激发市场竞争活力，可以通过政策扶持来让有自主创业意愿的移民通过合伙、入股的方式进行投资，设立并自营私有企业，让迁入地多种所有制企业共同发展，使得移民者能够在真正意义上从简单的生产资料发展逐步转向依靠其他经济要素生产经营的转变。第六，依据迁入地的自然环境优势发展绿色生态旅游产业，将“绿水青山就是金山银山”的政策运用到实践之中，旅游业发展具有投资少、回报周期短的特点，可以将其作为迁入地的几大支柱性产业之一。

3. 提升移民者的基本素质

对移民者进行安置后的帮扶工作不仅要借助政府、机关的外界力量，更需要对其进行内生性的培育，通过借助先进的教育理念、技术培养等方式来提升其生产技术水平以及发展经营的才能。只有培育出适应社会发展的能力，才能让其更好地为社会发展做贡献，凭借自己的工作能力来维持家庭的生计。应将原本给予的金钱救济逐步转向将资金与技术相结合，通过教育培养国家发展需要的人才，从根源处解决自身就业问题。所以，发展素质教育和技能培训在生态移民安置后的扶助阶段显得尤为重要，实施该项政策需要按照以下几个步骤进行。

首先，在生态移民迁入地的城镇化建设中，要逐步完善投资发展结构，加大对搬迁者进行教育发展的投资力度，提升移民者的综合素养。在所有教育发展的政策中，要着重加强对搬迁家庭未成年子女的义务教育问题的解决，让所有搬迁者的未成年子女都能享受到义务教育服务。因为移民子女的上学问题是每个家庭今后生存发展的首要问题，只有做好义务教育才会让家庭其他成员安心在迁入地重新工作。

其次，因为移民搬迁者人数众多、个人情况不同，这就需要对移民进行全方位、多层次的技能培训，让他们在新的环境下获取更为先进的科学技术、知识储备。具体而言，针对原本经常外出务工人员，政府部门和相关机构可以通过划拨专项资金为其培养新的技术职能，与此同时，也要为其提供当地人才市场的最新消息，以培养需要型人才为宗旨；针对原本从事农牧业的居民，为了让其更快、更好地在迁入地就业，可以在当地新修农田，同时为其传授最新的培养育苗方式，加强技术指导工作，开展多项技术培训。

再次，加强就业市场信息管理，让技术培训与市场行情相结合，提升每位移民者在就业之时的竞争力和就业创新能力。对自主创业者辅助以各种优惠政策，政府作为该项政策的领头羊必须主动积极利用先进信息技术为创业者拓宽就业市场信息的了解渠道、加强他们主动收集信息的能力，强化他们避免和抵抗市场风险的能力。

最后，在技术培训的过程中要着重加强新技术的可操作性、实用性，这样才能更好地提升生态移民者的基本文化素养以及依靠自身能力谋求职业的能力，让移民者能够在新的环境下培养新的技能、脱离贫困。

（四）完善生态移民后的市场准入制度

1. 协调政府与市场的关系

政府部门的职能优势主要体现在以下几个方面：公共物品、准确市场信息的提供；维护与监管市场秩序；通过先进科学技术提高资源利用率；普及环境保护知识、提升公众环境保护意识；增强对公共资源的管控。政府失灵则主要表现为：政府组织操作消耗的成本大；缺乏灵活性以及政府组织能力有限。市场功能主要表现为：促进技术提升；提高调节效率；促进主体之间的信息传递；通过利益机制刺激企业提高生产积极性；提升经济总量平衡与加强经济发展。市场失灵出现在以下几种情形：信息不对称；市场调节机制的效果偏离宏观调控目标；市场体制无法解决公共物品的生产与有效分配等。

政府部门在生态移民政策中依靠其强大的管控力可以降低市场在资源配置中的交易成本费用，但这笔费用需要履行政府职能的政府来承担。所以在管理对象呈现数量多、较分散的特征时，必然会造成事务繁杂以及执行效率差等难题。

单纯依靠市场自身的经济秩序来实现生态移民就业环境的公平、自由，完全不依靠政府部门的监管与规划就可以实现预期目标是极其不现实的。因为我国的市场经济还不完善，即便像美国这样市场经济极其发达的国家有时也十分需要政府的宏观调控。但是，仅凭政府部门设定具有强制性的制度未必会起到应有的作用，甚至会出现非有效供给，导致社会资源与需求不对称。无论是单纯依靠政府监督还是完全市场秩序的规制，都不能从真正意义上解决生态移民这一牵涉主体广泛、面对不同情形的经济问题。市场自身的运营模式必定是处于政府管控的庞杂的社会背景之下的，政府与市场的关系并非敌对或完全割裂，在某种情形下，政府强大的宏观调控能力是市场得以维持正常经济秩序的前提与基础。只有建立起一套将两者关系进行有效协调的机制，才能保证市场运行与政府监管之间的准确对接。

市场自由竞争模式与政府监管模式两者是并行不悖的，不是某个失灵后才会运用另外一个，在生态移民工程实施中必须借助两种模式的自身优势，尽可能地做到互相弥补、共同协作。政府监管模式是将国家作为市场监管的主体，以维护公共利益与社会效益为出发点对生态环境中出现的违法问题进行管理，从宏观角度来对移民者与生态环境之间的关系进行协调，以达到人与自然之间的关系呈现出一种和谐共赢的局面。同时，市场经济是以维护生态环境之中自然人的根本利益为其调解模式的出发点，首先要做到对产权关系进行明晰，以调解迁入地公民个人合法行为为主要手段，从而实现公民个人利益与社会公共效益最大化的双赢。两种模式最终的目的在于为实现对遭受损害的生态环境进行修复以及促进迁入地经济环境的发展，实现绿色的可持续发展；不过两者的运行模式以及所造成的社会影响有明显区别，应当理性分析各自益处与弊端，更好地将两者进行互相协调与弥补，以实现生态效益与经济效益最大化。

2. 合理引入“公司 + 农户”模式

生态移民地区的经济发展必须依据当地实际情形，可以借鉴其他地区“公司 + 农户”的生态治理与经济发展模式，它是在迁入地政府提供一定的政策帮扶的大背景下，以实现企业自身效益为出发点与农户们进行长期有效合作，并在两者之间建立起以必备生产要素关系作为权衡两者利益的纽带，增加移民者工作收入效益的同时进行科学移民、发展经济。这种模式需要双方发挥自身优势，农民可以凭借其对农耕技术的熟悉以及自身所管理的土地作为工作基础，企业可以发挥自身财政与资源优势，通过政府扶持政策引入充足资金并购买先进农耕工具，这样就可以实现对生态脆弱区域农民就业以及当地经济发展进行科学、合理规划，实现企业与个人生产经营模式有效结合。

这样做最大的益处就是利用企业优势来解决公民经济发展的现实困境，因为企业参与具有以下益处：第一，可以发展劳动密集型产业，这样可以让大部分因搬入新环境而丧失工作的移民重新获得就业机会，同时可以为移民者创造互相交流、一起工作的环境，以此减少他们对新环境的陌生感、孤独感；第二，企业可以发展有潜力、规模大的产业，建立一个专门的劳工基地来解决很多家庭的就业问题，这样不会因为生态移民而造成迁入地巨大的人口压力；第三，企业可以根据迁入地现有的资源状况与供需关系，借助政府宏观调控对新兴产业进行统筹优化，加强对农业产品的进一步加工，将当地特色农业经济培养成地区经济发展的支柱性产业，并采用种、管、加、农、工、贸一体化的经营管理办法，使得生态移民在进入新的生活环境后能够尽快找到工作。

“公司 + 农户”模式最大的益处就是可以在发挥公民个人经济效益的同时尽可能避免因单纯依靠政府主导模式造成的经济折损。对移民者基本权利做到有效保护，也是从侧面在帮助当地企业实现自身获取经济效益的权利，在帮助企业更加健康、长远发展的同时，也能够帮助移民者消除自身的自卑感与孤独感，同时借助工作与生活来让他们更好地适应新环境，有助于化解搬迁者与当地生活习惯、原生文化之间的隔阂。企业在获得一定政策扶持与国家资金补贴之后，可以借助自身发展实力来对其他产业、领域进行投入与扩张，从而实现全方位、多领域的发展。与此同时，也可以实现对剩余劳动力的合理利用，帮助尽可能多的公民实现再就业。

实际上，这种模式能够顺利运行是以企业具备强大的经济实力与科学技术为前提条件，同时还要求企业具备较强的市场前瞻性以及在各个发展阶段适时调整发展方向的经营理念。因为市场的进入必须是要获取潜在利润，这就需要政府部门对迁入地的企业提供一些激励性的扶持政策，积极引导市场中各企业的蓬勃发展。对生态产业具备的独有特征——投资周期长、利润回报慢以及投资风险大的企业需要重点关注，因为企业有利润才能发展，这就需要当地政府发挥其宏观调控的职能，在制定相关产业发展的政策时，辅之以发放补贴、减免税收的方式，激励更多的企业投入生态产业的发展中来。同时要做到对所有类型的企业采取一视同仁的态度，不能对小微企业采取高门槛、低扶持的政策，必须发挥私有企业、个体经济组织以及股份制企业等多种所有制的力量。

（五）逐步完善生态移民权益保障体系

1. 消除现有生态移民权益保障的法律漏洞

对生态移民工程而言，它以追求环境公平为目标，它的实质价值体现在承认迁入地各公民主体存在差异的情形下，对各方权益进行一种合理的平衡配置，借此在不平等的社会资源分配下谋求实质平等。但是在现实社会发展之中，实质平等的公平必须以法律规章作为其基本的执行依据，在生态移民工程方面也是如此。简而言之，因为中国生态脆弱地区遍布广泛，各地区的地理环境和自然气候等都有差异，资源分布不均以及各地方财政水平差异大，使得东西部地区之间、山地与平原之间、城乡之间存在明显的财富分布不均。这也是市场经济运行下出现的最大弊端，也是“马太效应”的具体体现。此时就需要国家对其发展态势进行适当的干预调整，以实现政治的稳定、各阶层之间矛盾的化解与社会的和谐发展。因为生态移民地区的环境以及迁入地的生态发展状况呈现出持久性，与法律的稳定性有着共同特征，这就需要在解决生态移民问题的同时，必须借助法律规范体系来对现有状况做持续性改善。

对生态移民地区的法律体系建设必须是以维护移民者合法权益为首要任务，但截至 2016 年，中国并没有针对生态移民者的实际困境与需求而建立起一套完善的法律规范体系。此外，甚至还存在着生态移民制度呈现相对落后的情形，生态移民地区搬迁者的基本合法权益保护的工作还没有做到逐步深入、健全。目前，涉及生态移民权益保障的法律体系主要体现在以下几个方面。

（1）缺乏宪法的规定

因为《宪法》作为中国母法——所有法律、规章以及制度等设立的根本依据，它不仅规范着公民基本权利与义务，更着重于对公权力限制，强调国家作为最大公权力主体，对公民所应履行的各种义务。所以，对生态移民这项重大惠民政策，更需要通过《宪法》来对生态移民的补偿标准、移民安置后的帮扶工作以及建立起公众参与监督等方面进行立法规范。

（2）缺乏配套法律的制定与实施

因为生态移民这样庞大的工程牵扯到的不仅与公民切身利益相关的民

法、行政法、农村土地承包法等法律规定，还有一大部分任务是与生态脆弱区的环境修复与完善相关，这就需要国家在《中华人民共和国草原法》《中华人民共和国森林法》《中华人民共和国环境保护法》等法律中作出与生态脆弱区环境保护的相关规定。从而让生态移民工程中的所有项目都能做到有法可依。

（3）缺少行政法规的管控

对于生态移民者进行安置以及后期服务等都需要当地政府部门和机关单位借助自身行政主体资格来对其实施行政行为。生态移民究其实质也只是一种行政给付行为，向生态搬迁者进行一定的物质、资金补偿。这就需要国家为此制定相关的行政规章来规范行政机关的行政行为，例如《长江三峡工程建设移民条例》《国务院关于完善大中型水库移民后期扶持政策的意见》《大中型水利水电工程建设征地补偿和移民安置条例》等。

（4）需要地方性法规来解决生态搬迁工作

因为地方性法规是由地方性立法机构根据当地实际情形作出的法律规定，因此如何对生态移民进行搬迁、搬迁后的安置工作怎样安排以及如何对其进行职业培训与技术教育等，都需要按照生态移民地区的法律规章进行实际操作；特别是针对有少数民族的生态环境脆弱地区，更需要在保护当地少数民族文化、信仰和风俗习惯的基础上进行详细规定。例如《陕西省2000年度移民扶贫异地开发管理办法》、青海省果洛藏族自治州人民政府颁布的《果洛州人民政府办公室关于认真做好生态移民发展庭院经济实现增收的通知》、宁夏回族自治区关于《红寺堡开发区移民搬迁安置工作办法》等。

（5）完善各部门之间的规章

生态移民工程的实施需要多个部门之间互相协作完成，很多情形下还会出现职能交叉或者重叠。上述的法律法规大多是从外部对政府机关、机构单位的行政行为进行规制；而部门规章则更是侧重于从内部来组织、协调各部门之间的权责关系，使生态移民工程在实施中能够高效率、高成果的执行。就像原先国家发改委批准的《三江源自然保护区牧民定居工程实施方案》《退耕还林还草试点粮食补助资金财政、财务管理暂行办法》、国家计委《关于易地扶贫搬迁试点工程的实施意见》《三江源自然保护区生态移民与建设总体规划》等。

近些年我国一直提倡依法治国，但是对生态移民领域的法律、法规仍然不够重视，缺少相关法律体系的建设，这也是保障生态移民者切身利益的首要前提。生态移民法律规定多数是以地方性法律规章出现，因为法律位阶较低，并不具有指导其他地方的效力，而且政策性较强，难以与当地实际情形相结合。

上述几种法规，只能作为生态移民工程实施依照的规范，实质上也只是作为一种依据而存在的。因为立法程序的繁杂性和法律本身存在的滞后性，导致生态移民者自身的合法权益仍旧存在无法保障的问题。实际上，中国对于生态移民制度的保证多数也只是体现在相关的开发性移民、水库移民以及工程建设移民的政策里面。由于生态移民在立法上的缺失致使移民者权益很难获得法律保证，而且在解决实际问题时也不容易做到有法可依，只能参考类似法律、制度以及规章的内容。

2. 建立健全生态移民权益保障的法律体系

对任何一种合法权益的保护最终的落脚点都是通过法律层面的设定来对其做到最本质、核心的保护。保证生态移民的根本权利并不是要求将其作为一项部门法而设立，只需在其他相应法律之中规定即可，将各个法律之中与生态移民有关的内容进行逐渐设立并完善，构建系统完备、衔接配套的生态移民的法律法规体系。对于体系的建立主要做到以下几点：

第一，要设定几项基本原则。有关生态移民的基本原则就是要结合中国各个生态脆弱区环境的基本情形以及生态移民工程最终所要达到的目标，以实现生态区域的修复与迁入地的社会经济发展为核心要义。生态移民的基本原则不仅是为保证生态移民者自身的合法权益，还需顾全生态移民工程总的核心宗旨，应深入分析、考虑如何保障生态移民工程顺利实施、更好更快地促进生态脆弱区的环境修复以及帮助移民者在迁入地的安置工作等方面的内容。所以，制定的原则必须因地制宜、顾及各方利益、科学合理、符合社会发展趋势与生态发展状况。

第二，对于生态移民工程的法律规制方式，最好就是运用条例的形式，因为根据条例的内涵来看——它是国家权力机关或行政机关依照政策和法令而制定并发布的，针对政治、经济、文化等各个领域内的某些具体事项而做出的，比较全面系统、具有长期执行效力的法规性公文。就像《长江三峡工程建设移民条例》一样，它制定的内容具有针对性，就是为解决三峡工程需要生态移民而制定条例。虽然法律效力较低，但在制定过程中更能依据当地实际情形做出准确调整，所制定出来的条例在当地执行过程中也不会出现“水土不服”的情形，并有助于各法律之间协调性，确保能够完整建立生态移民法律体系。

第三，对法律制度进行完善。所有法律规范都是以相关制度为基础，这些制度都是以法律制定前所遵循的实践经验为基础，在制定法律规定时，可以将其作为立法借鉴；在法律制定后，通过实践来总结经验，将其吸纳为新的法律规范。上述所有制度都必定是生态移民制度在移民实践中总结出的基础性制度，并可以做到对国内类似法律制度进行借鉴。除了本书论述过的基本制度以外，还有许多重要制度，例如自然资源恢复制度和补偿制度、法律责任制度等，都需要逐渐对其完善与优化。

第四，对生态移民工程确立基本原则与制度之时，还需要深入明确、规范：移民者基本权利与义务；政府、机关和企业的权责关系；移民补偿与安置标准；公众参与生态移民工程的渠道等具体问题，使生态移民工作逐渐形成专属于自身的法律体系。

第六章　生态移民的后续发展

第一节　区域发展的初级阶段——移民的适应阶段

在区域发展初期，地理环境对人类活动的制约因素较少，人类对环境的影响也比较微弱，区域内部人地关系处于相对协调的状态。在这个阶段，区域内往往城镇很少，空间结构比较简单。移民群体进入新的环境，首先要面对的就是适应问题。能够适应新环境的，就有后续实现转型发展的可能；不能够适应新环境的，则在整个转型初期就会夭折，后续发展更无从谈起。

美国社会学家奥格本在1923年出版的《社会变迁》一书中首先提出“文化堕距”概念，他用这个概念来说明在社会变迁中由于社会各部分变化的速度不同而产生的种种问题。奥格本认为，在社会变迁的过程中，物质文化与科学技术的变迁速度往往是很快的，而制度与观念等部分的变化则较慢，这样就会产生一种迟延现象。而且这种迟延现象持续的时间通常也比较长，有的甚至能达几年之久。由这种迟延产生的差距即“文化堕距”。一般而言，物质技术的变化是先于非物质文化适应性的发生，马克思主义认为，物质文化决定非物质文化，而非物质文化一旦形成必然具有相对的独立性和稳定性。“文化堕距”是社会变迁中不可避免的一种现象。

首先，从客观过程来探索，在物质文化发生变化的时候，这种变化信息传达到适应性文化中去需要一个过程，也就是说，适应性文化反映物质文化的变迁是需要经历一段时间的，随后才能发生相应的变化，最终产生堕距现象。“文化堕距”不可避免，但是可以通过社会整合和社会改革而缩短，而消减“文化堕距”现象，说到底就是要在精神上也做到与时俱进，主动去发现、去感知、去适应已经变化了的新情况。

这种“文化堕距”在移民群体中的体现就是，少数民族移民在安置区内对新生活的适应首先是从住房开始，然后是生活习惯潜移默化的改变；之后是生产方式的逐步改变；最后是思想观念和心理上的接受和融入。因此，从移民思想观念着手，能有效促进其融入新社区中，加快其“认同感”和“归属感”的形成，为移民后续生活的发展打造良好的思想观念和心理基础。

一、文化适应是首要

我国生态移民的重点在西部，现有生态移民项目也大多开展于西部地区。众所周知，我国西部地区幅员辽阔，人口密度稀疏，土地资源丰富，不仅拥有广袤的土地资源，而且拥有较高的人均耕地面积和绝大部分草原面积，可以说西部地区的生态环境牵动着我国的生态安全，关系整个社会经济的可持续发展。对于生态环境脆弱、经济发展水平相对落后的西部地区，生态移民无疑是改善生态环境、缓解贫困的最有效途径。西部地区分布的少数民族多，除汉族以外还有 44 个少数民族，是我国少数民族分布最集中的地区，包括蒙古族、回族、藏族、维吾尔族、苗族、彝族、壮族、布依族、满族、侗族、瑶族、白族、哈尼族、哈萨克族、傣族、傈僳族、佤族、拉祜族、水族、东乡族、纳西族、景颇族、柯尔克孜族、土族、达斡尔族、羌族、布朗族等。这就将生态移民工程与民族问题联系在了一起，生态移民工程不仅涉及生态修复、经济发展、脱贫致富，更关乎民族文化、宗教信仰等问题，甚至对社会稳定、民族团结都有着非常重要的影响。所以生态移民文化适应问题的研究意义非同小可，是关乎地方社会稳定发展、民族文化保护以及各民族和谐发展等多方面的重要议题。维系好各族人民团结互助、相亲相爱，也是我国实现两个一百年奋斗目标的题中应有之义，让各个民族的人民都过上幸福的生活才是真正实现中华民族伟大复兴的中国梦。

因此，针对不能在民族自治区内集中安置的少数民族移民群体，首先要处理好文化冲突、文化自觉、文化适应、文化融合问题。

二、少数民族移民的文化多样性

“文化多样性”被定义为各群体和社会借以表现其文化的多种不同形式，这些表现形式在他们内部传承。“文化多样性”不仅体现在人类文化遗产通过丰富多彩的文化表现形式来表达、弘扬和传承的多种方式，也体现在借助各种方式和技术进行的艺术创造、生产、传播、销售和消费的多种方式。它是人类社会的基本特征，也是人类文明进步的重要动力。每个民族独特的文化是本民族身份的重要标志。

比如，回族是我国少数民族人口较多的民族之一。他们也说汉语，但他们的汉语里掺杂着阿拉伯语和波斯语，经堂语也是他们的一种语言。他们用经堂语讲述着本民族的故事，他们的节日是伊斯兰教的三个传统节日：开斋节、古尔邦节和圣纪节，盛大、隆重且虔诚。又如东乡族是中国甘肃省颇具特色的一个少数民族，主要聚居在甘肃省临夏回族自治州的东乡族自治县，信仰伊斯兰教逊尼派，他们有民族语言，但没有民族文字，“咕咕杜”是东乡族青少年热衷的一项活动，农历正月十五的“耍火把”也是东乡人民重要的娱乐活动。东乡族人有四大节日，分别是开斋节、古尔邦节、尔德节、阿舒拉节，也都来源于伊斯兰教。还有藏族，藏族是我国乃至南亚最古老的民族之一，有着自己本民族的语言和文字，藏族人民普遍信仰藏传佛教，在文学、音乐、舞蹈、绘画、雕塑、建筑艺术等方面，都有很多文化遗产，藏族雕刻技艺非常高超。此外，藏戏独具特色，藏医药学也是人类重要遗产……在漫长的历史发展过程中，每个民族都形成了自己独特又灿烂的民族文化，同时这些民族文化又共同构成了中华民族璀璨的民族文化，是我国精神文明的宝贵财富。

为了保护民族文化的多样性，防止民族文化在移民过程中得不到传承甚至消失，地方政府在移民安置时应慎重考虑移民民族传统文化的传承和发扬问题。比如，生态移民房屋的建设中可以融入民族文化特色，满足移民住宅需求的同时保留少数民族移民的民族特色，使移民更有亲切感和融入感①；在移民安置区内，提供满足少数民族传统活动所需的场所以及相关配套设施，保证移民在新的家园里如同原住家园一样，能够尽情庆祝自己民族的传统节日；同时基层组织也要经常组织各类民族文化活动，加强不同民族之间的文化交流和互动，增强彼此的熟悉度和认同感。这不仅能够使移民更快地适应和融入安置区的生活，也能够使安置区的原住居民更好地接纳移民。

三、生态移民的文化变迁

文化变迁是文化的跳跃性发展，或文化的突发性变化。从总的历史发展趋势来看，文化变迁是一个渐行不息的过程，而在这个过程中既有对传统的萃取与摈弃，又有对外来文化的批判与吸收。文化的变迁是随社会的变迁而变迁的，从内部因素来看，文化的接触和传播、新的发明和发现、价值观的冲突等是变迁的主要原因；从外部条件来看，社会关系和结构的变动、人口和自然环境的变化等是变迁的主要原因。从这个角度来看，在

① 乌力更.社会公平与生态移民——生态移民工程中的民族文化保护问题[J].理论研究，2006(5)：44-48.

少数民族移民过程中势必会产生文化的变迁，且这种变迁主要存在于分散安置的少数民族移民模式中。

文化变迁的一个主要内容是涵化，美国文化人类学中文化相对主义的代表人物赫斯科维茨在《涵化——文化接触的研究》(1938)一书中，重申了他和R．雷德菲尔德及R．林顿在《涵化研究备忘录》(1936)中对涵化所下的定义:“由个别分子所组成而具有不同文化的群体，发生持续的文化接触，导致一方或双方原有文化模式的变化现象。”插花式的生态移民安置模式势必会产生两种甚至两种以上的民族文化的接触和碰撞，而且这种接触和碰撞会是持久性的，从而可能会引发的后果有两种，极端一点的是，一种相对弱势的民族文化被另一种相对较强的民族文化所吸收，形成吞并的效果，自此世界上就少了一种民族文化；当然最有可能的情况是，两种势均力敌的民族文化在对方潜移默化的影响下都或多或少地发生了一些变化，谁也同化不了谁，但又都对对方产生了一定的影响，最终的后果是各民族文化在保留本质的状态下都形成了一些新的文化内涵。

四、移民群体的社会转型与文化自觉

移民群体原来的生产方式多种多样，有逐草木而迁徙的牧民，有逐浪而生的渔民，也有一部分是原来从事农耕的农民，总之他们都采用依草原靠草原、依山靠山、依土靠土的靠天吃饭的生存方式。但搬入安置区后，可能会使他们脱离原来的生存依靠，需要学习适应新的生产方式来继续生活，转型不仅是一种生存的策略，更是一种发展的必然选择。因此，顺利进行社会适应与转型也是移民能够在安置区实现安居乐业的关键，这个转型不是简单的入乡随俗，而是融合着传统、现代等多方面因素的转型，其中非常重要的就是文化因素。

艾森斯塔得在1963年出版了《帝国的政治体系》一书，他将社会变迁分作“适应性变迁”“整体性变迁”“边际性变迁”三种类型①。适应性变迁，即在很大程度上适应既有的政治体系，而不从根本上突破既有政治体系中的制度与逻辑前提，这种变迁可以带来一系列具体的变化，在一定程度上也可以改变政治制度的规范和安排。但这种适应性变迁并不能改变政治制度的基本规范和基本象征，也不会改变中心制度的基本活动。这种社会变迁的类型有别于“总体性变迁”和“边际性变迁”，“以变促生存”，以此达到“以不变应万变”的目的。也就是说基于生存和发展的需要，适当顺应时代的变化，主动进行自我调适，这是一种生存和发展的有益策略。这种“变”不是对原有文化传统的彻底颠覆，而是有限的、有选择的变迁，是在不改变原有文化实质性传统的前提下所做出的主动适应。

我们可以在上述视角下去理解我国的移民群体，尤其是少数民族移民群体的社会转型。在“变”还是“不变”的抉择中，新环境下的社会转型是一种生存的需要，这意味着社会文化变迁在所难免。这种变化对少数民族群体来说是一种典型的“适应性变迁”，是以与时俱进的理念面对新时代下改变的环境主动做出文化调适，如生产、生活方式、日常习惯、消费习惯、邻里相处模式、教育观念等都需要做出相应的改变。这种主动的、必要的调整也是为了满足移民群体生存和发展的需要，是为了让他们更快更好地适应并融入这个新的环境里。所以社会转型中的变迁对拥有深厚文化传统的少数民族来说意义深长。

我们通常意义上理解的“传统”为世代相传的从历史延续下来的思想、文化、道德、风俗、艺术和行为方式等。英国思想家希尔斯认为，传统不是一个简单的过去创造的文化遗产，而是沟通过去与现在以及保持人类生存秩序的一种文化密码。马克思在《路易·波拿巴的雾月十八日》一书中，讲述路易·波拿巴政变事件时曾写道：“人们自己创造自己的历史，但是

---

① ［美］艾森斯塔得 S N. 帝国的政治体系［M］. 贵阳：贵州人民出版社，1992.

他们并不随心所欲地创造，并不是在他们自己选定的条件下创造，而是在直接碰到的、既定的、从过去继承下来的条件创造。”[①]我们可以理解为，传统是人们走向现代的基石，没有传统的积淀，所谓的现代化只是一种没有根基的设想。

移民群体的社会转型借用中国著名社会学家费孝通先生的观点，就是“文化自觉”[②]，它指生活在一定文化圈子的人对其文化有自知之明，并对其发展历程和未来有充分的认识。费先生曾说：“文化自觉是一个艰巨的过程，只有在认识自己的文化，理解并接触到多种文化的基础上，才有条件在这个正在形成的多元文化的世界里确立自己的位置，然后经过自主的适应，和其他文化一起，取长补短，建立一个有共同认可的基本秩序和一套多种文化都能和平共处、各抒所长、联手发展的共处原则。”费先生还以他在 80 岁生日所说的一句话“各美其美，美人之美，美美与共，天下大同”作为“文化自觉”历程的概括。也就是处理与异域文化相接触的人的态度，要有广大的胸怀和对他人的理解，同时要对自己的文化懂得反思，明白它的来历，这样才能取长补短，促进世界和平，这是费先生身后最大的心愿。

移民群体要明白自己传统文化的优势与不足所在，以便在社会活动中做出理性的抉择，尤其是拥有深厚文化传统的少数民族移民群体，处理好传统与现代的关系是他们实现社会转型的关键。既然转型是一种生存之道，那么就需要对移民群体的传统进行自我审视，在自我明确的基础上实现传统的现代化转型，以符合现代化社会发展的需要。面对新的生存环境与境遇，移民要有发展的思想觉悟，着力实现传统文化的现代化转型。从某种程度上说，这种转型是一个扬弃的过程，一个自我提升的过程。

---

① ［德］卡尔·马克思．路易·波拿巴的雾月十八日［M］．北京：人民出版社，2001.

② 费孝通．反思·对话·文化自觉［J］．北京大学学报，1997（3）：9.

第二节　区域发展的成长阶段——移民的稳定阶段

正常发展状态下，在区域发展的成长阶段，随着经济的发展，资源开发的规模越来越大，城市和工业区迅速向外扩展，区域内部产业结构和空间结构渐趋复杂，呈现由点到面的发展局面，产业由集聚走向扩散。在这一阶段，人地关系也会发生很大的变化，开始出现明显的不协调。但移民的区域发展不同于一般的区域发展，相较于后者，移民区域的经济发展节奏会缓慢很多，资源开发的规模相对较小，城市化和工业化的整体进程都会延缓。我们这里所说的移民安置区的区域发展的成长阶段，可以说是“类区域发展的成长阶段”，它是区域发展的成长阶段的缓慢进程版本，此时，经济发展是在向着良好的趋势前进，资源开发状态相对稳定，整体资源依然处于被保护的状态，区域内部产业结构和空间结构仍相对简单，人地关系依然处于相对和谐的阶段。

一、移民群体的社会融合

社会融合是指社会群体间的凝聚度，通过社会心理、情感的融合和结构、行为的融合来反映，它是以构筑和谐社会为目标，个体和个体之间、不同群体之间或不同文化之间互相配合、互相适应的过程。从移民角度来说，社会融合是迁入人口在迁入地逐步接受与适应迁入地的社会文化，并以此构建良性的互动交往和良好的社会网络，最终达到相互认可，相互“渗透、交融、互惠、互补”。基于不同的融合因素考量，一般将社会融合分成三个主要方面：文化融合、经济融合、社区融合。①

我们前面已经提到了移民的文化适应问题，紧随其后的就是文化融

① 黄匡时，嘎日达．社会融合理论研究综述［J］．新视野，2010（6）：86-88.

合。文化融合也是移民群体在社会融合中首先要考虑的问题。文化融合是文化调整的方式之一，它是指民族文化在文化交流过程中以其自身传统文化为基础，根据需要吸收、消化外来文化，并促进自身文化发展的过程。我们知道文化具有时代性和民族性，民族文化既不能全盘外化，也不能完全排斥外来文化。对于外来文化的吸收应遵循“取其精华、去其糟粕”的原则。文化融合的过程大致经历三个阶段：(1）接触，两种文化由传播而发生接触，这是文化融合的前提；(2）撞击和筛选，每种文化都具有顽强地表现自己和排斥他种文化的特性，所以两种文化接触后必然发生撞击，在撞击过程中进行社会选择，即选优汰劣；(3）整合，将原来的两个文化体系中选取的文化元素，经过调适整合融为一体，形成一种新的文化体系，最典型的现代美国文化就是多种文化融合的结果。

移民文化融合涉及的内容应该是方方面面的，将民族文化从内在构成部分进行剖析可以分成三部分：显性文化、隐性文化和混合文化。显性文化包括民族特色的服饰、饮食、建筑、交通工具、生产工具等；隐性文化包括民族的伦理观念、价值观念、审美观念等；显性与隐性的混合文化，如家庭婚姻、人生礼仪、宗教信仰、风俗习惯、节庆节日、民间艺术等。如果说显性文化是移民群体表面上的融合，那么隐性文化就是移民群体之间更深层次的融合，这些因素的融入是一个循序渐进的过程，但是相比较而言，显性文化的融合进程要比隐性文化的融合进程更快。当然，这里对于集中安置的移民和分散安置的移民仍要分开来看，集中安置的移民由于同质性比较大，相较于搬迁前的生存状态而言整体仍然处于一种相对稳定的状态，典型的如宁夏回族自治区的“吊庄移民安置模式”，移民整体（按照村庄）集体搬迁到有条件安置的地区，这样的移民群体受周围环境的影响小，融入的进程也就慢于分散安置的移民户。

二、移民群体的经济融合

移民的经济融合主要体现在两个方面：生产方式的融合和就业的融合。多数移民还是保留了原来的生产方式，如种植农作物、畜牧业养殖，即使有一部分人选择外出务工，也都是就近的选择，而且在职业选择上也都是对技术能力要求相对较低，体力性高、收入不稳定的工作，如保安和清洁工、社区周边建筑工地打工、采挖虫草和民族表演；自主创业者从事的多是出租车运营、商品销售等维持生计。

关注移民生活方式的转变也是保证移民能够很好融合的一个关键点。如前文所述，移民多来自牧区或生产、生活方式相对落后的地区，当来到新的环境以后，存在着诸多的不适应性，以昆仑民族文化村为例，2006年初移民搬迁至格尔木时，很多移民对新社区的生活方式表现出极大的不适应，管委会不得不招聘大量志愿者培训移民，教他们简单的汉语会话及生活常识，诸如辨别男女厕所，安全使用煤气灶、电灯等家用电器，如何在医院挂号看病和求医问药，如何合理购物，怎样蒸馒头、包饺子、吃蔬菜，如何穿越马路，怎样安全使用暖气炉等。可是即使进行了培训，有些移民对社区的新生活仍然不能适应，甚至有的移民把政府提供的安置房出租或出售，返回牧区给亲戚朋友放牧、赶牛等，寻找新的生计。

移民回迁现象对移民工程的实施影响巨大，因为移民回迁时会产生连锁反应，一户返迁会引起其他没有融入新环境的移民也产生回迁的想法甚至付诸行动，对于那些正在融入新环境的移民内心也会造成不稳定的影响。例如，国家对牧区移民每户每年生活补助为5000 ~ 8000元不等，但由于牧民膳食结构主要以肉食为主，牧民搬迁到安置地后的饮食支出费用与搬迁前相比大大增加，支出结构也发生了重大变化，如水电费、燃料费、服饰费、交通通信费、人情费等支出项目增加。牧民在草原上吃穿用住基本都是自给自足，吃的肉都是自家养的牛羊，根本无须花钱购买，而到了移民安置区，家家户户没有那么多的牛羊饲养，吃牛羊肉等都需要花钱购买，市场上的牛羊肉价格也是数十元不等，这对本来就没有什么经济来源的牧民来说是一笔很大的生活支出；再说燃料问题，牧民在草原上的燃料都是自家的牛粪，不仅不用花钱而且非常环保，而在移民安置区，面对大量的燃煤需求和日益上涨的煤价，政府补助的燃料费远远不够。

所以对移民的培训和引导不仅要针对已经改变了的生活方式，更重要的是要扎实做好技术培训工作，如汽修、电焊、缝纫等。提高移民就业技能、扩大移民的就业率、提高移民的家庭收入才是他们能够在安置区稳定发展的基础。

三、移民区群体的社区化管理

社会组织是实现社会关系的实体，一个社会要通过诸多社会组织来保证各种社会关系的实现和运行，家庭、工厂、公司、学校、教会、政府、军队等都是保证各种社会关系运行的实体。社区化管理是目前众多国家普遍选择的社会发展道路，我国也是一样。首先社区具有丰富的功能，结合生态移民来看，管理功能、服务功能、保障功能及教育功能都是非常重要的。少数民族生态移民迁入安置地以后，也应该纳入社区化管理范围之内；对于集中安置形成的一个新的少数民族移民安置区，也应该以社区管理的模式进行管理。

对于移民安置区而言，社区管理就是移民安置区内部各机构、团体、组织，在政府的指导下，为了维持本社区的正常秩序，促进本社区的发展和繁荣，满足本社区民族物质和文化活动等特定需要而进行的一系列的自我管理或行政管理活动，正因为社区的这些特征，决定了社区管理的特性极其重要的意义。社区管理的概念是在我国由传统计划经济体制向市场经济转轨时期，伴随着改革的不断深化，社会结构、人们的生活方式、思想文化以及行为方式等各方面的变化而提出来的。

世界卫生组织于1974年集合社区卫生护理界的专家，共同界定适用于社区卫生作用的社区定义：“社区是指一固定的地理区域范围内的社会团体，其成员有着共同的兴趣，彼此认识且互相来往，行使社会功能，创造社会规范，形成特有的价值体系和社会福利事业。每个成员均经由家庭、近邻、社区而融入更大的社区。”由此可见，形成社区的四个要素包括：①人民：社区由人所组成。不论何种类型之社区，因人聚集与互动，方能满足彼此的需求。但人数多少才能形成一个社区，并无定论。社区太大、人数过多，将使彼此互动困难；但人数太少就一定不可能形成利益互惠与生活维持的团体。②地方或地理疆界：以地理的范围来界定社区的大小疆界是一般人最能接受对社区的定义。但是，并非所有的社区都有明确的地理划分。如果界定的区域不合适，将会对社区资料的收集造成一定的困难。③社会互动：社区内居民由于生活所需彼此产生互动，特别是互赖与竞争关系。如社区居民的食、衣、住、行、育、乐皆需与他人共同完成。相关的经济、交通、娱乐等系统即因此而形成。社区经由不同的社会系统发挥功能，满足居民生活必需，建立社区规范。④社区认同：社区居民习惯以社区的名义与其他社区的居民沟通，并在自己的社区内互动。同时社区居民形成一套社区防卫系统，居民产生明确“归属感”及“社区情结”。

由此可见，在少数民族移民安置区内最有效的管理模式就是社区管理模式。少数民族移民进入安置区后，应该将移民的户籍和社会保障一同迁入移民安置区内，这样有助于提升移民的认同感和归属感。同时，社区在管理、服务、保障及教育方面都担负着重要的责任。社会化服务的健全与否同样对少数民族生态移民的后续发展起着非常重要的作用。对于移民而言，良好的社区卫生和安全的社区治安是生活的基础；丰富的社区文化和舒适的社区环境是移民生活的更好追求；有力的社区保障是移民安定生活实现可持续发展的重要保障。一是社区应为移民提供各种卫生保健服务设施，如医院、健身活动场所等。二是社区应为移民提供各种文化娱乐服务，如文化场所的建设，供少数民族的移民们进行各种文化娱乐活动，少数民族的人民大都多才多艺、能歌善舞，各类节日繁多，通过各种文化娱乐活动的举行，有助于少数民族移民安置区内的不同民族之间的文化交流，让彼此更加深入了解，有助于促进安置区内原住居民对移民的接纳和移民对安置区家园的归属感和认同感。三是为移民提供治安调解服务，如保证居民生命财产安全，调解家庭和邻里纠纷，法律咨询，办理户口等。四是为移民提供心理疏导服务，及时进行心理疏导能有效提高移民的社会适应性，对有回迁欲望的移民及时发现问题，及时解决问题。

社会保障作为一种社会稳定机制，是保证全体社会成员基本生存需要的手段，是促进经济、社会持续协调发展的有效工具。少数民族移民在移民初期作为安置区内的弱势群体，在生活、发展方面可能都需要社会的救助和帮扶。因此，健全的社会保障体系在安置区内是至关重要的，可从教育保障、医疗卫生保障、养老保障、社会救助、社会福利等各方面对移民生活进行兜底性的帮扶。

移民社区发展到一定阶段后城镇化的形成——生态移民走城镇化道路是生态移民可持续发展的重要选择，而城镇化是经济发展的结果或者说是伴随着经济发展而产生的，只有当经济发展到一定水平时，城镇化才有可能实现，生态移民可持续发展所需要的后续发展支持才能获得。城镇化发展水平与生态移民可持续发展的关系表现在以下三个方面：一是城镇化水平通常用市人口和镇人口占全部人口的百分比来表示，用于反映人口向城市聚集的过程和聚集程度，生态移民加快了人口聚集的过程；二是通过生态移民的聚集，促使移民从农业向非农业产业转移，促进了第二、第三产业的发展；三是城镇化和产业发展之间具有相互促进、相互制约的关系，城镇化发展为产业发展开辟更大的发展空间，而产业发展能够吸纳大批的移民，提高移民收入。

四、区域发展的转型阶段——移民的发展阶段

和区域发展的成长阶段一样，移民安置区的转型阶段仍属于“类区域发展的转型阶段”。正常发展状态下，在区域发展成长阶段的后期，随着资源过度消耗、环境污染加重、地价上涨，以及劳动力价格提高等，区域原有优势逐渐丧失，经济增长缓慢甚至停滞，产品市场竞争力下降，效益降低。区域原先具有的集聚效应减弱，导致区域经济整体呈现衰败、萎缩状态，并带来高失业率、人口减少等严重社会问题，区域产业必须进行调整，寻求新的发展。但是移民安置区的转型阶段不同，随着广大移民在安置区内生活，生产方式的适应并逐渐融入，移民社区向着城镇化发展迈进，安置区内部产业结构和规模逐渐变大、变强，无论从经济发展到社会发展，移民群体都由稳定进入了发展阶段，如果说前一个阶段的状态和目标是维持温饱，那么这一个阶段的状态和目标就是要向着小康社会迈进。

移民安置区内的“英格尔斯效应”——美国人类文化和社会心理学家英格尔斯曾经就人的现代化问题提出过一个著名论断:“如果一个国家及其人民缺乏一种能赋予这些制度以真实生命力的广泛的现代心理基础，如果执行和运用这些现代制度的人自身还没有从心理、思想、态度和行为上都经历一个向现代化的转变，失败和畸形发展的悲剧结局不可避免。”①

他这一论断是在研究了西方发达国家现代化进程并考察了第三世界国家经济发展问题后，对人的观念、人的心理状态与现代化的关系的深入思考，对我国移民政策也有非常重要的借鉴意义。

如果把政府的推动力作为移民的外源性动力，那么移民对自身发展的渴求和追寻就是移民实现可持续发展、逐步迈进小康社会的内源性动力。毫无疑问政府的推力是非常重要的，是政府制定了移民的生活方针和政

① ［美］阿历克斯·英格尔斯．人的现代化［M］．成都：四川人民出版社，1985.

策，甚至在具体实施的时候都需要政府在各方面的督促与监督，但是再往深层次方面追溯，要想真正改变移民的生存现状，将经济脱贫和建设新生活的目标转换为现实，仅仅依靠政府的帮扶和支撑是不够的，俗话说“授人以鱼不如授人以渔”，对移民群体“扶贫先扶智”的方式就是对其授之以渔，仅仅依靠“等靠要”将会严重影响移民的发展，移民政策也不可能得到根本上的贯彻和执行。要激发起移民内心深处对美好生活的向往和强烈真挚追寻的愿望，此时再加之政府合理有效的引导，移民工程必将会事半功倍。所以我们要树立起移民前期发展靠政府推动为主导，后期主要依靠内源性动力的发展理念。

无论个人还是整个社会，前进的脚步和牵引的动力都应当是内心谋发展、要向上的坚定信念，自身的能动作用甚至在整个前进的进程中起着决定性的作用。移民群体社会转型的根本动力也在于移民群体自我发展、自我开拓意识的觉醒，否则，安置区内盖起再好的安置房，各种齐全的教育、医疗配套设施的建设，都拯救不了装睡的、永远叫不醒的不愿发展和改变的人。当一个移民从“我要发展”“我要过上更好的生活”的意识中清醒、明确起来，就会带动另一个移民的觉醒，再带动2个、4个、8个……当被激发起的意识越来越多、群体越来越庞大，将会是一个不容忽视的、巨大的能量团体，移民的发展指日可待，所追求的也不再仅仅是温饱问题，而是更高层次的物质要求和精神追求。

移民生活更深层次、可持续的发展涉及很多方面的问题，实践发现，也有许多移民原本对搬迁到移民村镇后的新生活寄予极大期待，但搬迁后的现实却让他们失望。由于政府没有及时妥善建立起移民后续产业，致使一些移民的生活和就业出现矛盾，大部分移民仅靠国家补贴生活，由此出现移民后续生计难以为继，生活水平下降，甚至入不敷出等问题。

（一）移民安置区的后续产业发展

生态移民工程实施过程中，移民安置区的后续发展决定着生态移民战略的成功与否。而后续发展的重中之重是后续产业的发展，可以说移民安置区后续产业的顺利发展是移民群体过上富足生活，实现可持续发展的保障。我国生态移民的基本目标是“搬得出，稳得住，能致富”。世界粮农组织相关研究报告指出“人口迁移根本考虑的是使迁移人口保持甚至超过原来的生活水平和生活状态”，而要实现这一目标，没有后续产业的发展和支撑是不可能完成的。致富增收关键要靠安置地后续产业的发展来解决，“能致富”也是生态移民的最终目的，是生态移民获得成功的标志。即使在“稳得住”时期，移民的生活在马斯洛需求的第二层，其本质依然是“生活即活着”的状态。当然，国家为了移民更快适应迁入区的生产生活，给予了一定的经济补偿、政策扶持和社会保障。但是，国家、地方财力是有限的，并不足以长远地支撑。必须把国家的有限支持和移民的自力更生相结合，最终靠自力更生实现脱贫致富。而增加经济收入的关键是靠安置地后续产业的发展来提供更多的就业机会，让移民主要依靠自力更生实现经济收入的增加和生活条件的改善提高。

按照马克思社会发展的基本原理，劳动是人们谋生的唯一手段，是社会收入分配的基本尺度。劳动不仅是人们生存和生活的需要，也是生命的需要，人类发展、成长和存在的需要，人类通过劳动改变自己，改善生活，改造世界。在社会发展现阶段，或者在社会主义市场经济发展阶段，移民们只有通过劳动才能获得劳动报酬，才能满足自身和社会发展的需要。这就需要政府为移民提供稳定的、相对持久的劳动机会，保证移民能够尽可能地充分就业。而移民在参与社会劳动的过程中，不仅能够获得物质回报，也能够获得作为人类的一分子通过自己的付出为安置区发展贡献力量，为社会发展贡献力量的精神上的满足。而劳动机会和就业机会的获得，关键在于安置地第一、第二、第三产业的发展状况。这就需要各级政府按照科学发展观的要求，遵循生态移民的基本原则，加大力度发展后续产业，积极为移民提供就业机会。

（二）移民安置区后续产业发展存在的困境

生态移民实施重点区域的经济基础相对薄弱，发展水平相对较低，后续产业发展滞后的情况，严重影响着生态移民“稳得住、能致富”目标的实现。城镇集中安置模式下的生态移民能否可持续发展与产业发展密切相关。安置地自然资源、人才留存、技术支持等方面是否具备潜力是产业发展所必需的基础条件，从农牧业中转移出来的移民，特别是青壮年移民，若是不能及时地被地方产业吸纳，将严重影响移民的后续发展；政治、社会、政府引导、市场、自然等因素是产业发展的辅助因素。目前安置地面临的困境主要有产业支撑能力不足、后续产业结构单一、产业集约化程度低三个方面。

产业支撑能力不足主要是由于生态移民安置区多位于我国西部等经济相对落后地区，具有影响力的龙头企业屈指可数，由于缺少龙头企业的带动，靠小企业自我摸索、发展起来的产业发展规模相对较小，水平相对较低，大多数才刚刚起步，自身都存在很大的不稳定因素，更谈不上支撑移民脱贫致富、可持续发展。移民安置区的产业发展空间和资源也相对不足。实践中生态移民安置区会比迁出区从生态到经济发展方面都稍好一些，但好的程度并不大，往往并不足以支撑移民大规模的发展产业。政府对移民产业发展提出的指导政策是依靠龙头企业的发展而发展，如前文所述，移民安置区龙头企业屈指可数，决定了能够被依靠的老大哥企业少之又少，这就会形成移民安置区内产业结构单一的情形，可能大部分移民企业都从事着相类似甚至相同的产业发展，由此可能会引起“一荣俱荣，一损俱损”，这种情况在面临市场风险的时候将是很危险的。历史上由于产业结构单一，由辉煌到没落的城市不在少数。

底特律作为美国大城市之一，曾是美国制造业的象征和骄傲，曾被誉为美国“汽车之城”，作为五大湖地区仅次于芝加哥的第二大工业城市，这里是美国汽车产业三大巨头——福特、通用、克莱斯勒诞生的地方，令全世界的汽车制造业顶礼膜拜。可是它在 2013 年 7 月 18 日正式申请了破产保护，从而成为美国历史上最大的破产城市，而且在破产前这座曾经的“汽车之城”就已经成为暴力犯罪频发、失业率高，以及深陷财务危机的美国“最悲惨的城市”。世人“眼看他起朱楼，眼看他宴宾客，眼看他楼塌了”，究其原因是汽油价格暴涨、汽车销量锐减、工厂大批裁员引发的大萧条。根据 1950 年的美国人口普查，底特律市区有 1849568 人，而 2010 年仅剩下 713777 人，60 年间人口流失了 61.4%。这是美国有史以来最大的政府破产案。

再看国内，位于内蒙古自治区西南部，地处鄂尔多斯高原腹地的鄂尔多斯，这个曾经名不见经传的内蒙古三线城市，顶着“煤都”的称号创造了一系列的经济神话，内蒙古 GDP 一度赶超香港，房价直逼“北上广”。鄂尔多斯的煤炭产业占经济总量近 70%，占财政总收入近 50%。拥有“黑金资源”的鄂尔多斯，在煤炭产业的黄金十年里，风头一时无二。可惜，煤炭带来的巨额财富，被这座城市挥霍在房地产市场里。据公开资料，2006 年鄂尔多斯的楼市均价大约为 1200 元，三年后，住房均价飙升到 7000 元左右。神话的破灭始于 2011 年底，煤炭量价狂跌，同时楼市出现低迷，鄂尔多斯迅速陷入债务危机。显然，单一依靠煤炭资源的发展，造成了鄂尔多斯城市产业结构过于单一，产业链短；又由于粗放生产，导致环境恶化，产能落后；同时热衷房地产的投机买卖，这让鄂尔多斯的发展之路越走越窄，隐患重重，终于一夜之间，神话如泡沫般破碎。

还有甘肃玉门。“羌笛何须怨杨柳，春风不度玉门关”的佳句人尽皆知。但现在已鲜有人知道，这座城市还曾经是我国盛极一时的石油大市。玉门是一个因油兴起因油衰败的城市，解放前十年间，其石油产量占同期全国总量的 90% 以上，奠定了中国石油工业的基础。中华人民共和国成立后，国家为玉门输送了大量人才和技术，当时有近 11 万人口，经济发达，繁荣兴盛。然而，由于过度开采，石油产量开始下滑，环境也遭到严重破坏。由1959年最高的140.62万吨降至1998年的38万吨，这个国内最早开发的油田，如今变成了企业规模最小、发展困难最多的石油企业。2009年3月，玉门市被国务院列入第二批资源枯竭城市名单。此时，这里的人口已不足3万，经济萧条。随着企业的接连破产与个体户的锐减，产业经济的萧条最终影响到了地方税源的缩水，企业存款和居民储蓄存款大量外流。而油田企业部分搬迁和生活基地的搬迁，造成了大量人口迁徙。高收入、高消费群体和高劳动素质人才流出，迁入的却是贫困群体和低素质农业人口，消费能力和生产动力严重不足。新玉门现在已经转向开发风电资源，成为全国第五大风电基地和甘肃第一大风电基地，大力建设新能源产业城。但其石化产业在将来很长一段时间还是该市主导产业，"一油独大"的畸形产业结构短时期内还难以改变。

分析这些城市萧条的原因我们可以看到，大多是因产业结构过于单一造成的，把一个城市搞成"纺织城""汽车城""油城""金融城""化工城"，无异于"把鸡蛋放在一个篮子里"，一旦这个行业出现危机，就会引发整座城市的经济崩溃，因此，在移民安置区的产业发展模式上应尽量避免只发展单一结构的产业。

产业集约化发展是指产业的发展以资源优化配置为原则，以社会福利最大化为目标，产业组织结构高度集中，产业内大、中、小企业共生，使产业可持续发展。在原来粗放型发展模式下，产业扩张走的是在低水平上重复建设的道路，产业内的企业间缺乏专业化分工与协作，产业生产力组织水平低下，往往是"高投入低产出"的生产模式，资源极度浪费。在集约型发展方式下，产业的发展应该依靠的是技术进步和技术创新，以及劳动者素质的提高和产业生产力的合理组织与配置。因此，产业集约化发展是一种对资源实行优化配置、合理有效利用的可持续发展方式。安置区内的资源是极其有限的，在有限的资源条件下要实现安置区内社会福利的最大化，必须合理配置资源，实现资源配置最优化。

移民安置区内早期的产业发展主要还是依靠农牧业，移民产业园区的开发建设也为农牧业产业化、集约化创造了有利的条件，但从资金的筹措、产业的关联性、移民的科技文化素质、移民区的人力资源等方面看，想要实现集约化发展，是不可能一步到位的，需要一步一步地发展，必须深化改革和技术创新，加强技术人才的培养，逐步推动发展模式从要素驱动向创新驱动转型，切实构建出可持续发展的产业体系。

（三）移民安置区后续产业发展的建议

后续产业的发展要因地制宜。“精准扶贫、精准脱贫”的“精”从何讲起，要精的就是产业发展方向的选择上，从实际情况出发，因地制宜，精准选择特色、优势产业发展。例如新疆地区已经发展起来的“馕品产业”，在新疆地区内部不同地区产的馕，大小、口感、形态上都各具本地特色，种类更是达300余种，借助特色闯市场，成为新疆一些地州发展馕产业的一个重要抓手。如库车大馕如车轮大小，在疆内久负盛名，其颜色金黄，薄而香脆，这个直径有60厘米的库车大馕，被称为“馕中之王”，如何利用好资源，让库车大馕走上产业化道路也是当地政府一直思考的问题。2014年，为了把库车馕产业做大做强，库车市投资3500万元建成了占地20240平方米的库车大馕城，这座馕城由馕品制作区、馕品体验区、特色小吃区、手工艺品展销区、馕文化展示馆五部分组成，共有门店72间。馕城全部引进获得国家专利的环保馕坑烤馕，所有的馕统一冠以“库车大馕”品牌，统一进行包装、宣传和销售。2018年，库车市又对大馕城进行了改造提升，结合地方特色林果研发了核桃仁馕、鹰嘴豆馕、红枣馕、玫瑰花馕等40多个馕品种，组织聘请本土民间艺人定时在景区内表演。为增加游客的游览时间，提升城区半日游质量，增设地方名优特产品展销区、美食城品尝区等几个展区。同时，为了带动城乡一体化发展，库车大馕城采取“一乡一品、一镇一品”模式，引进特色民俗小吃、特色手工艺品商户入驻，抱团发展为馕品产业化发展奠定了基础，同时也促进了镶品向标准生产加工进行，是新疆特色产业发展的典型。

又如青海省海晏县青海湖乡塔列村，那里草场富足，家家户户有牛有羊，但村里人祖祖辈辈单打独斗，实行粗放式养殖，效益微薄。为此，海晏县在塔列村成立塔列生态畜牧业合作社，创新合作社经营体制机制，动员村民将草场、耕地、牲畜等生产资料入股合作社，整合全村草场 2.88 万亩[①]、耕地 4726 亩和牲畜 4800 头，入股总资产达 601.8 万元。“养殖、种植由合作社统一经营，村民变股民，享有保底收益和分红。”合作社理事长李发德说，2016 年，合作社收入达 297.5 万元，入社社员人均收入 1.7 万元。“经济效益明显提高了，还解放了劳动力，前年村里有贫困户 32 户 71 人，现在只有 3 户 9 人。马上就可实现整村脱贫喽。”言语间都是对现在生活发展状况的喜悦和对未来发展前景的向往。

国民经济的各产业部门都要保持一定的比例关系，是马克思社会资本再生产理论揭示的社会化大生产的客观必然性，是产业结构变动的普遍规律之一。包括三方面内容：第一，产业结构合理化，即在现有技术基础上所实现的产业之间的协调。涉及产业间各种关系的协调，如各产业间在生产规模上比例关系的协调、产业间关联程度的提高等，还包括产值结构的协调、技术结构的协调、资产结构的协调和中间要素结构的协调。第二，产业结构高度化，即产业结构根据经济发展的历史和逻辑序列从低级水平向高级水平的发展。包括在整个产业结构中由第一产业占优势比重逐级向第二、第三产业占优势比重演进；由劳动密集型产业占优势比重逐级向资金密集型产业、技术知识密集型产业占优势比重演进；由制造初级产品的产业占优势比重逐级向制造中间产品、最终产品的产业占优势比重演进。第三，产业结构合理化和高度化的统一。产业结构合理化是产业结构高度化的基础；产业结构高度化是产业结构合理化的必然结果，推进产业结构

① 1 亩 =667 平方米。

优化升级是我国经济社会发展进程中的一项长期任务。

大力发展民族手工业。我国少数民族的手工业历史悠久，也是其经济发展的重要组成部分，蕴藏着深厚的文化底蕴。民族文化对于本民族，甚至整个国家都是至关重要的，具有非常宝贵的价值和深刻的意义。少数民族文化所创造并负载着的具有本民族特点的物质文明和精神文明包含了各少数民族物质生活、社会生活及精神生活的各个方面。民族手工业作为民族文化的载体之一，不仅承载着本民族经济发展的需要，同样也担负着对本民族历史、文化、民俗、传统等人文资源传承的使命。所以发展民族手工业，不仅是经济发展的需要，也是对非物质文化遗产的传承与保护的需要。对于少数民族聚集的西部牧区而言，可根据地区实际培育、发展民族服饰、宗教用品、民族工艺品等民族手工业。例如，青海玉树藏族自治州麻莱县为有效促进格尔木昆仑民族文化村移民增收，转变嘛呢石刻、掐丝唐卡、民族服饰、动物头饰等后续产业经营模式，以户为单位生产，并成立专门的中介和营销组织，通过市场化运作，提升了产品知名度，增加了销售收入。

以藏区手工业为例，西藏因其传统民族手工业工艺的独特性以及西藏文化的神秘性，吸引了大批藏文化爱好者和藏艺品收藏者。例如，西藏的地毯、卡垫、藏刀、民族服装、金银首饰等，深受藏区内人民和游客以及区外人民的喜爱，唐卡、卡垫织造技艺、拉萨甲米水磨坊糌粑加工技艺、藏族金属锻造技艺、藏香制作技艺等民族手工技艺已经被选入第一、第二批国家级非物质文化遗产名录。目前藏区手工业的生产者大多数还保持着传统的生产方式，即使形成了产业，也都是采用家庭作坊式的生产模式，产业规模小，竞争力相对薄弱①。因此，要优化升级其手工业产业发展模式——首先旅游是促进当地手工业发展的一个重要手段，大力发展当地旅

① 王建文．西藏山南市民族手工业发展对策研究［D］．武汉：华中师范大学，2019.

游市场，以旅游市场为依托促进手工业的发展；其次，培养、引进高级管理型、技术型人才，产业发展的良好运行离不开管理者智慧管理和敏锐的市场洞察力与风险观测能力，技术型人才的引进和培养不仅要保持住传统民族手工业的手工艺性质，同时利用一定的科技手段提升民族手工艺产品的科技含量；“最后利用互联网时代兴起的自媒体平台传播手工业知识文化，将流量转化为经济利益，助力民族手工业发展。”[①]这样不仅有助于拓宽民族手工业的销售渠道与客户群体，同时线上线下同步经营的模式还有助于促进民族手工业行业内部的良性竞争，如今市面上的产品大多是机器制造出来的，手工艺制品就显得弥足珍贵，但是在促进其发展和传承的同时，不能以粗制滥造、滥竽充数来糊弄消费者和市场，因为如前文所说，民族工艺品不单单是以普通商品的身份在市场上流通，它们更是沟通传统与现代的使者，负有更高层次的精神使命。

（四）少数民族地区旅游业的发展与当地生态资源的协调问题

文化产业的发展是社会发展的重要组成部分，文化是影响社会经济运行方式和条件的重要因素。旅游业作为文化产业的一部分，自然也应该承担着促进经济发展的重任。

我国少数民族文化的独特与价值也为各少数民族地区积淀了丰厚的旅游资源。隐性文化通常情况下难于被外来游客所感知、理解和接受，因而往往难以作为旅游资源开发，能够具有旅游价值而被作为旅游资源开发的一般是显性文化和混合文化。因此，对少数民族文化旅游资源下一个定义就是：那些在少数民族地区独有的，能够对外来群体产生吸引力并易被感知和融入，且能够为当地带来经济效益和社会效益的民族文化。同时民族文化能够带来的不仅仅是这些经济效益和社会效益，自己本民族的文化被外来人所接受和喜欢，也有助于提升少数民族人民自身的民族文化荣誉感

① 李贝贝．传统手工艺的社会传承方式研究［D］．徐州：江苏师范大学，2021.

和自豪感，从而会对本民族文化更好地珍视和保护，从而有助于少数民族文化的传承和发展，这是一个非常良性的循环。所以在少数民族移民地区发展旅游业也是促进本地区后续产业发展的有力推手。

但是在少数民族文化旅游开发的同时，还要注意与当地的生态环境资源相结合。超负荷人口的涌入不仅不会给少数民族地区带来经济发展，甚至会造成经济负担和生态负担，大批量游客的食住行都需要依靠当地资源来解决，而少数民族地区生态环境本身相对脆弱，过度的用水、用电都会对当地资源造成一定的影响；而且旅游业的开发离不开对生态资源的开发，如果一味地追求眼前的经济效益而忽视生态资源的保护问题，势必又会造成“先破坏后治理”的局面，而这个后续治理代价将会是巨大的。所以少数民族文化旅游资源开发过程中，要考虑文化的传承性和环境的承载力，必须遵循经济、社会、环境三方效益相统一的原则，最终实现少数民族文化旅游的可持续发展。

五、移民群体教育观念的转变和受教育水平的提高

生态移民户大多数为贫困家庭，他们对社会的认知决定了他们没能够对子女的教育问题产生足够的重视。

大多数移民家庭由于生计压力，更希望自己的子女早早地进入社会赚钱，毕竟家里多一个劳动力就会多一份收入，家庭成员就多一份保障。但对于所谋工作的性质他们不会做过多的挑剔，甚至是被动地被选择状态，只要给出了他们认为“合理的”“还不错”的收入，就是父母对子女最大的期待。在他们眼里更多的是“读书无用论”，毕竟读书要投入很多的金钱、“浪费”很多的时间，他们看不到这个双重投入下的隐藏回报，与看不见摸不着的未来的教育回报相比，眼前的利益似乎来得更可靠，尽管这些利益微薄，但似乎总能解一些燃眉之急。

也有一部分少数民族家庭不支持自己的子女接受汉族教育，比如，我

国回族、东乡族、撒拉族、保安族等部分少数民族接受在清真寺经堂实施的教育，俗称“经堂教育”，相比于汉族的九年义务教育，少数民族的父母更倾向于让子女接受经堂教育。如西藏自治区的聂拉木县，自 20 世纪 80 年代以来送往境外读书的孩子就有 319 人。缅甸边境对云南边民的影响就更大了。缅甸第二特区（瓦邦）自 1999 年底实施南迁行动以来，采取了一系列优惠政策，扶持边民发展生产、改善生活；为发展教育，又对中小学生的教材、文具、服装、医疗等费用实行全免，每个学生补助 300 元人民币的食宿费，初中毕业生全部安排工作，教职工食宿免费。这些特殊政策非常诱人，澜沧、西盟、孟连 3 县边民外流的现象时有发生。

百年大计，教育为本，着力加强教育脱贫也是我国打赢脱贫攻坚战的重要一步。应加大教育重要性的宣传，使少数民族移民父母转变教育观念，逐步意识到学习科学知识的重要性，同时转变对子女的期望，将对子女的期待利益能够看得长远一些。“扶贫先扶智，治穷先治愚”，只有得到思想上的深刻认识才能实现根本的转变和进步。“时代越是向前，知识和人才的重要性就越发突出，教育的地位和作用就越发凸显。我国正处于历史上发展最好的时期，但要实现‘两个一百年’奋斗目标、实现中华民族伟大复兴的中国梦，必须更加重视教育，努力培养出更多更好能够满足党、国家、人民、时代需要的人才。”所以转变移民的教育观念也是实现生态移民安置区可持续发展的一个非常重要的部分。

（一）加强教育基础设施建设

在中共中央、国务院关于打赢脱贫攻坚战的决定中，有关着力加强教育脱贫的规定指出：“合理布局贫困地区农村中小学校，改善基本办学条件，加快标准化建设，加强寄宿制学校建设，提高义务教育巩固率。普及高中阶段教育，率先从建档立卡的家庭经济困难学生实施普通高中免除学杂费、中等职业教育免除学杂费，让未升入普通高中的初中毕业生都能接受中等职业教育。加强有专业特色并适应市场需求的中等职业学校建设，提高中等职业教育国家助学金资助标准。努力办好贫困地区特殊教育和远程教育。建立保障农村和贫困地区学生上重点高校的长效机制，加大对贫困家庭大学生的救助力度。对贫困家庭离校未就业的高校毕业生提供就业支持。实施教育扶贫结对帮扶行动计划。”这对于移民安置区的教育同样适用。移民安置区内应布局好从学前教育、中小学教育到职业教育等一系列教育配套设施，保证所有的移民安置区内的移民子女有学上，同时也应该设立一定的移民安置子女的教育扶助基金，让那些特困的移民安置户、多子女的移民安置户在移民初期同样不会面临子女辍学的窘境。

（二）移民安置区实行双语教学

在少数民族安置区内开展双语教育是保护民族语言和文化、有效推动民族语言文化发展、提高民族人口素质、促进民族地区经济社会繁荣发展的重要途径。

语言是人类最重要的交际工具，是人们进行沟通交流的各种表达符号。人们借助语言保存和传递人类文明的成果，同样地，语言也是民族的重要特征之一。我国作为多民族聚居的国家，少数民族的存在造就了我国是多语言多文字的社会。在 56 个民族中，汉族、回族、满族三个民族通用汉文，蒙古族、藏族、维吾尔族、哈萨克族、柯尔克孜族、朝鲜族、彝族、傣族、拉祜族、景颇族、锡伯族、俄罗斯族这 12 个民族各有自己的文字，这些文字大都有较长的历史。其中蒙古族使用一种竖写的拼音文字，居住在新疆的蒙古族还使用一种以通用的蒙古文为基础，适合卫拉特方言特点的拼音文字。语言是文化的重要表现形式，每一个使用本族语言的人都承载着传承民族文化的使命；语言是维系民族情感的重要纽带，它最深刻地反映着该民族的特征，是人们区分不同民族时最先使用的识别标志。

所以在少数民族的教育过程中，对本民族语言的学习和传承是非常重要的。即使少数民族搬离了家乡，新环境里可能存在着其他民族的成员，但是对本民族语言的教育不能废弃，要从学前教育就开始对新生幼儿们进行本民族语言的学习。

自中华人民共和国自成立以来，中央政府一直探索在民族地区开展双语教育的政策。国内教育学者孙绵涛通过对国内一系列教育政策的研究分析，提出了教育政策的三个评价标准：完整性、科学性、创新性。① 随着时代的发展，仅掌握本民族语言对少数民族群体未来的发展是远远不够的，汉语作为世界上传播最广泛、使用人数最多的五大语言之一，又是联合国使用的六大工作语言之一，在国内国际交流中都占有重要的地位。汉语是我国各地区的通用语言，少数民族地区的族民走出自己的民族，走向社会，工作需要用汉语，毕竟我国是以汉族为主体民族的国家，在发达地区无论是工作还是生活，基本都是以汉语普通话为官方沟通语言，如果对汉语掌握不熟练会大大限制少数民族群体在找工作时的机会；同时汉语也是各少数民族群体之间、少数民族群体和汉族人民之间沟通交流的桥梁。由于我国少数民族居住相对集中，生产生活方式以及生活习惯相对闭塞，各少数民族只能看到本民族内部的社会情况，殊不知他们看到的只是我们泱泱大国中很小一部分，通过对汉语的学习和掌握，少数民族地区的族民近可通过身边的其他民族的族民了解到不一样的生活习惯和方式，远可通过电视等媒介了解到本民族之外的社会现状。汉语的学习对少数民族生活的丰富、思想认知的进步都有着至关重要的作用，所以汉语教育对少数民族来说是非常有必要的。

因此，对少数民族地区教育最好的方式就是实施双语结合的教育模式，既有利于对本民族语言的保护和传承，同时又可以保证少数民族地区族民紧跟我国社会发展的脚步。

---

① 孙绵涛．关于教育政策内容分析的探讨——以中国 1978 年后高等教育体制改革政策内容的分析为例［J］．教育研究与实验，2007（3）：39-45.

（三）提升教师福利和待遇

教师是知识和智慧的传播者，是人类灵魂的工程师，是塑造人格的人。青少年是国家的未来和希望，移民安置区的建设和发展，整个国家的建设和发展，都离不开新鲜血液的形成和注入，而这些新鲜血液就是一代又一代成长起来了的年轻人的智慧和力量。提高教师待遇，不仅是提升一个群体的收入，更是寄托了一个国家的希望。移民安置区内学校教师的待遇和福利同样是不容忽视的问题，城市化进程的加快使年轻人们纷纷涌向大城市，经济欠发达地区，尤其是农村地区的孩子们上学难是一直存在的问题。落后地区小学教师“老龄化”严重，面临“教育后继无人”的窘境，年轻人不愿意再回到乡村，乡村教师队伍缺乏新鲜的血液，那么谁来向孩子们传播新时代的知识，谁来带领他们走出贫困，谁来带他们看看这个世界上他们不曾见到过的繁华。

教师也是和移民子女甚至是移民本人接触最多的人，他们对移民以及移民子女思想认知的树立和转变起着至关重要的作用。同样教师的高福利和优厚待遇也能从侧面让移民们“看到”知识的力量，有助于转变他们“读书无用论”的思想，让他们看到学习知识的长远作用和在这个新社会里知识和技能的重要性。当然，提升教师的福利和待遇，也能让教师们更安心地专注于自己的教学事业，毕竟教书育人才是教师的本分和职业，如果连最基本的生活保障都得不到，教师们还要想方设法地为养家糊口劳神费心，势必会影响到自己的教学质量，更不利于移民子女的学习了。

因此，提高移民安置区内教师的福利和待遇，吸引年轻力量参与安置区内教育事业的发展，也是关乎移民安置区可持续发展的重要组成部分。

参考文献

［1］张丽君，刘云喜．牧区生态移民安置的绩效评估及其指标体系研究［M］．北京：中国经济出版社，2015.

［2］［日］大须明贺．生存权论［M］．林浩，译．北京：法律出版社，2001.

［3］董保华．社会法原论［M］．北京：中国政法大学出版社，2001.

［4］史俊宏，赵立娟．生态移民生计脆弱性研究［M］．北京：经济科学出版社，2019.

［5］范建荣．生态移民战略与区域协调发展：宁夏的理论与实践［M］．北京：社会科学文献出版社，2019.

［6］冯伟林．西部地区生态移民可持续生计问题研究［M］．成都：西南交通大学出版社，2017.

［7］王晓毅．生态移民与精准扶贫——宁夏的实践与经验［M］．北京：社会科学文献出版社，2017.

［8］孟向京．中国生态移民的理论与实践研究［M］．北京：中国人民大学出版社，2017.

［9］冯明放，彭洁．中西部连片特困地区生态移民问题探索［M］．成都：西南交通大学出版社，2017.

［10］韦仁忠．高原城市的陌生人——三江源生态移民的文化调适和社会资本重建［M］．北京：中国社会科学出版社，2016.

[11] 佟新.人口社会学[M].北京：北京大学出版社，2003.

[12] Rowntree M. Poverty:A Study of Town Life [M]. London: Macmillan, 1901.

[13][美]R.讷克斯.不发达国家的资本形成问题[M].谨斋，译.北京：商务印书馆，1966.

[14] 林福永.一般系统结构理论[M].广州：暨南大学出版社，1998.

[15] 俞可平.社群主义[M].北京：中国社会科学出版社，1998.

[16][日]芦部信喜.宪法Ⅲ人权·2[M].东京：有斐阁，1981.

[17] 李世安.美国人权政策的历史考察[M].石家庄：河北人民出版社，2001.

[18][英]洛克.政府论（下篇）[M].叶启，瞿菊农，译.北京：商务印书馆，1964.

[19] 张爱国，薛龙义.黄土高原地区生态移民论[M].北京：中国社会出版社，2013.

[20][美]艾森斯塔得 S N.帝国的政治体系[M].闫步克，译.贵阳：贵州人民出版社，1992.

[21][德]卡尔·马克思.路易·波拿巴的雾月十八日[M].北京：人民出版社，2001.

[22] 陈胜东，周丙娟.生态移民政策实施农户满意度及其影响因素分析——以赣南原中央苏区为例[J].农林经济管理学报，2020，19（5）.

[23] 廖桂莲，张丽华，张体伟.生态移民农地确权与流转行为的影响因素分析——基于贵滇宁3省区的调查[J].云南社会科学，2020（5）.

[24] 胡西武，刘小鹏，黄越，等.宁夏生态移民村空间剥夺测度及影响因素[J].地理学报，2020，75（10）.

[25] 耿一睿，苗红，安烁，等.中国生态移民可视化研究分析[J].

西南大学学报（自然科学版），2020，42（5）.

[26]聂君.宁夏生态移民社会关系重构影响因素与干预策略研究[J].北方民族大学学报，2020（3）.

[27]李昭楠，刘七军.易地搬迁农户家庭抵御风险能力影响因素研究——来自宁夏A村和B村的实地调查[J].北方民族大学学报,2020(3).

[28]苗红，贾菲，耿一睿，等.宁夏生态移民安置区人地耦合系统脆弱性分析[J].干旱区地理，2020，43（3）.

[29]陈永林，谢炳庚.江南丘陵区乡村聚落空间演化及重构——以赣南地区为例[J].地理研究，2016，35（1）.

[30]刘慧，叶尔肯·吾扎提.中国西部地区生态扶贫策略研究[J].中国人口·资源与环境，2013，23（10）.

[31]杨显明，米文宝，齐拓野，等.宁夏生态移民效益评价研究[J].干旱区资源与环境，2013，27（4）.

[32]税伟，徐国伟，兰肖雄，等.生态移民国外研究进展[J].世界地理研究，2012，21（1）.

[33]包智明.关于生态移民的定义、分类及若干问题[J].中央民族大学学报，2006（1）.

[34]孟琳琳，包智明.生态移民研究综述[J].中央民族大学学报，2004（6）.

[35]李笑春，陈智，叶立国，等.对生态移民的理性思考——以浑善达克沙地为例[J].内蒙古大学学报（人文社会科学版），2004（5）.

[36]于存海.论西部生态贫困、生态移民与社区整合[J].内蒙古社会科学（汉文版），2004（1）.

[37]葛根高娃，乌云巴图.内蒙古牧区生态移民的概念、问题与对策[J].内蒙古社会科学（汉文版），2003（2）.

[38]刘学敏.西北地区生态移民的效果与问题探讨[J].中国农村经

济，2002（4）.

[39] 王钦颢.评《反贫困战略下的西部农村社会保障法律创新研究》[J].科学决策，2019（7）.

[40] 李文祥，高锡林，吴德帅.社会福利演进视域下的社会权发展研究[J].福建论坛（人文社会科学版），2018（2）.

[41] 邓炜辉.论社会权的国家保护义务：起源、体系结构及类型化[J].法商研究，2015，32（5）.

[42] 余少祥.社会法的诉讼机制：特性及其限制[J].江淮论坛，2015（5）.

[43] 汤黎虹.社会法的本质："扶权论"的理论视角[J].江淮论坛，2015（5）.

[44] 宋海彬，许仁顺.少数民族教育的民族性与少数民族受教育权保障的国家义务[J].甘肃政法学院学报，2015（2）.

[45] 杜发春. 国外生态移民研究述评[J].民族研究，2014（2）.

[46] [澳]斯蒂芬·卡斯尔斯，凤兮.21世纪初的国际移民：全球性的趋势和问题[J].国际社会科学杂志（中文版），2001（3）.

[47] 包智明.关于生态移民的定义、分类及若干问题[J].中央民族大学学报，2006（1）.

[48] 上官丕亮.论宪法上的社会权[J].江苏社会科学，2010（2）.

[49] 龚向和.社会权的历史演变[J].时代法学，2005（3）.

[50] 李艳芳.论生态文明建设与环境法的独立部门法地位[J].清华法学，2018，12（5）.

[51] 潘荣伟.论公民社会权[J].法学，2003（4）.

[52] 胡安宁，余家庆.当代中国社会环境下的传统文化变迁：一项社会学的考察[J].复旦学报（社会科学版），2022，64（5）.

[53] 焦敏.碧色寨工业遗产文化景观基因的形成与变迁[J].云南

地理环境研究，2023，35（1）.

［54］殷波.从文明变迁看手工艺的文化本质［J］.艺术设计研究，2023（6）.

［55］孙玉玲.从《平凡的世界》中乡村青年新变看中国社会文化心理的多重变迁［J］.西部文艺研究，2023（1）.

［56］王帅.青海藏区乡村社会文化变迁与生计转型——基于互联网视角的人类学研究［J］.西部学刊，2023（21）.

［57］Lee, Everett S. A Theory of Migration［J］.Demography, 1966, 3(1).

附录一：兰州理工大学甘肃生态建设与环境保护研究中心咨询报告

论甘肃省政府与社会组织合作扶贫机制和法律治理路径

一、问题的提出

在国家与社会的二元命题下，政府是国家权力的代理人和实施者，社会组织则是与国家权力相对应的社会权力的代表和彰显。基于国家权力与社会权力的分野，政府扶贫与社会组织扶贫也成为两个层次上的范畴。在政府单极扶贫中，国家权力自上而下地混合、统领了社会权力，导致扶贫因为“居高临下的单向给予”而失去活力，甚至成为贪污挪用的温床，异化了扶贫。也就是说，寄唯一期望于政府消除贫困，我们最终会发现政府不能解决所有问题。而作为常态的社会组织因具有非营利性、非政府性以及公益性等独特的协调作用，使得它在整合协调不同区域经济发展、加快欠发达地区社会建设方面成为政府市场失灵的有效补充。党的十八届三中全会、五中全会都将激发社会组织活力作为创新社会管理体制的重要方面加以明确；甘肃省委、省政府先后出台《关于深入实施“1236”扶贫攻坚行动的意见》《关于动员和鼓励社会各方面力量参与扶贫开发的实施意见》（甘政办发〔2015〕76 号）等一系列文件，也明确提出要激发社会组织参与脱贫攻坚工程。可见，社会组织在涉及公共精神的社会事务领域，包括扶贫领域，理所当然地能够大显身手。政府与社会组织的合作扶贫，就成为解决和应对政府单极扶贫弊端的必然选择，反映了当前扶贫多元化的客观需求和社会分治的合理愿望。

二、甘肃省现行合作扶贫模式及其存在的问题

目前甘肃省扶贫进入“啃硬骨头”阶段，按照省委、省政府的部署，今后 5 年扶贫攻坚要同步建成小康社会，增强扶贫开发内生动力，大力推进精细化扶贫。这就意味着需要大力推进政府自上而下的扶贫与社会组织的参与式扶贫之间彼此互动和功能对接，促进扶贫效益最大化。梳理甘肃省政府部门与社会组织的合作扶贫模式，按照扶贫资金的来源不同，可以从理论上得出两种合作扶贫模式：一是社会组织自筹社会资金进行扶贫，政府给予其他资源支持的模式。比如甘肃扶贫办和行动援助之间的合作方式。二是政府提供扶贫财政资金，社会组织运用该财政资金实施扶贫项目模式。比如依照《关于深入实施“1236”扶贫攻坚行动的意见》实施的村级扶贫规划项目、“双联行动”等。总体上对这两种模式予以评价，应该说我省政府部门与社会组织开展合作扶贫的成绩是显著的。就第一种模式而言，以甘肃省扶贫基金会为例，近年来积极推进甘肃扶贫“牵手工程”项目，在农民技能培训、劳务输转、医疗救助、解决校园饮水等方面发挥了巨大作用。就第二种模式而言，政府通过转移支付重点支持扶贫互助资金协会，至 2016 年实现了全省建档立卡贫困村和有贫困人口的行政村互助资金项目全覆盖，每个村安排财政专项扶贫资金 20 万元。开展“雨露计划”(两后生①) 学历型技能培训、甘闽合作扶贫创业致富带头人培训项

① “两后生”指的是高中毕业后、初中毕业后的学生，参加中职、高职学校的培训，帮助他们掌握技术，学习技能。

目，重点支持直接带动贫困户增收的农民专业合作组织，以土地流转、带资入股、就业等形式增加贫困人口收入，成效显著。与政府主导的扶贫项目相比，社会组织投资的扶贫项目往往是政府达不到或顾不了的最穷、最偏远山区和赤贫人口。尽管当地的社会发育程度低，群众执行项目能力差，但项目成功率、资金回收率并不低。从这些实践运行效果看，政府与社会组织在扶贫方面的互补优势得以显现，二者的合作扶贫不仅具有理论合理性，也具有现实可行性。

然而毋庸讳言，目前我省政府部门与社会组织的合作扶贫还仅仅处于初步试点阶段，培育不足，社会组织扶贫深入度还远远不够。我省社会组织在精准扶贫中面临的困境主要有：

第一，扶贫公益类社会组织少。在甘肃省民政厅2016年审核合格的461个省属社会组织中，扶贫公益类社会组织不足20家。以2016年省级福利彩票公益金支持社会组织参与社会服务项目资金为例，重点支持开展扶老助老、扶残助残、关爱儿童和救助困难群体等社会服务项目，只有省属8个社会组织，而且服务范围主要局限于城区，在农村地区开展扶贫工作的社会组织就更少。

第二，社会组织分布极不均衡。2015年底，我省已登记的社会组织中省属社会团体有274家，民办非企业单位有162家，基金会有25家，只有甘肃省玛曲县教热教育扶贫基金会主要针对少数民族农村地区，其余组织基本上都分布在兰州地区，主要在城区开展项目。在脱贫任务艰巨的农村地区、生态脆弱地区社会组织数量则相对匮乏。

第三，社会组织自身存在的问题。我省社会组织形态还处于探索阶段，远未成熟。一是许多组织内部治理机制不完善，处于不规范运行的状态。二是人员职业化水平不足，人才缺乏，且人员流动量大。三是缺乏对组织的长远规划，许多社会组织没有自己的发展规划，盲目发展。四是财务紧张，许多社会组织处于“僵尸”状态，无项目可做。

三、我省现行合作扶贫方式缺陷的理论分析

第一，政府与社会组织扶贫权力的结构失衡。当前国家权力对社会权力还是统领、控制模式。政府对社会组织扶贫虽然在原则上进行支持，提倡社会力量介入，但在现实的运行中具体的落实和实施机制是缺位的。政府基本上垄断了扶贫资源，对微观扶贫活动介入过深、干预过多，扶贫行政垄断现象严重。而草根的、非官办的社会组织则资金缺乏，介入扶贫遭遇“玻璃门”的情况还比较普遍。

第二，政府与社会组织扶贫权责的配置不对等。当前采用的行政科层式扶贫导致扶贫权力运行的监督机制缺乏，信息封闭保护倾向严重。一方面，政府扶贫的封闭性行政权力缺乏来自社会化权力的有效约束，导致大量扶贫违规违纪行为产生；另一方面，致力于扶贫开发的基金会、协会、慈善总会等在组织结构和活动方式的准行政化导致社会组织官气浓厚，缺乏社会组织应有的制度透明性。

第三，扶贫纠纷行政解决机制落后。现实中政府对社会组织进行有选择地分类支持，单向度地支持非营利组织的服务提供功能，发生纠纷单纯依靠行政方式解决。这是一种高度裁量的理性官僚治理方式，反过来又强化了政府权力的集中和官僚化，陷入了恶性循环。因此，要真正提高扶贫效能，就必须改变现有的政府与社会组织合作扶贫机制，运用法治思维、法治方法解决扶贫问题。在扶贫权力与法律之间进行框架化、制度化、常规化的建构，实现法律治理。

四、我省合作扶贫机制的法律治理路径

第一，加强顶层设计和细化政策引导。一是加强顶层设计，将社会组织参与精准脱贫纳入省“十三五”规划、政府工作报告和扶贫工作规划中。二是完善法规政策。制定社会组织参与精准脱贫的法规、政策规范，做到

有法可依，有章可循。三是制定社会组织参与精准脱贫工作实施方案，编制社会组织参与的精准脱贫项目目录，规范各类社会组织参与农村扶贫开发的具体领域和具体项目，提高社会组织参与农村扶贫开发工作的针对性和实效性。

第二，调整我省政府在社会扶贫中的职能定位，推进政府职能向社会组织转移。承担定点扶贫和扶贫协作任务的政府机构要逐步调整自身职能，强化总体规划、资源协调和政策引导方面的功能，当好所扶持区域的参谋，做好扶贫资金筹集工作，结合干部培养搞好人力支持。在此基础上，可结合自身优势直接开展一些扶贫项目，也可通过购买扶贫服务方式，遴选社会组织等主体到定点或对口支援地区开展指定扶贫项目。凡通过购买扶贫服务能取得更好综合效益的扶贫项目，均应交由社会组织等主体承担。

第三，社会组织应当完善和加强自身制度建设工作。部分社会组织自身存在一定的问题，如重大决策由少数领导决定。非政府组织应该改变这种独断专行的现状，注重自律性和公信力的提高，建立完善的筹资机制和第三方监督评估机制，争取来自政府部门的财政支持和政策优惠。同时应加强能力建设，提高成员的工作能力和知识水平，注重对参与式工具与方法的应用，避免重走政府扶贫的低效之路。完善非政府组织相关的法规政策，利用资本市场等扩充财政实力。要加强对农村扶贫非政府组织的宣传，促进社会认同，以便获得更多的社会资源。

第四，完善扶贫公益类社会组织培育孵化机制。我省要建立孵化和培育扶贫类社会组织平台，优先培育社会扶贫类公益组织，特别是在甘南藏区等少数民族贫困地区开展精准扶贫的社会组织。我省可以依托甘肃省扶贫基金会、甘肃省社会组织促进会等社会组织服务平台，积极培育扶贫公益类社会组织。通过降低注册门槛、简化注册手续、加大服务技能的培训等加快其培育孵化。

附录二：定西生态环境建设精准扶贫的调研报告

2016年1月28日至29日，紧紧围绕《关于生态环境建设工程支持精准扶贫实施方案》(以下简称《方案》)落实情况，调研小组先后深入定西市林业局、定西市畜牧局、定西市环保局、定西市农业局、定西市国土局、定西市水保局、定西市住建局、定西市卫计委、定西市规划局等9个单位和部门，就生态环境建设工程支持精准扶贫工作进行了调研。从这次调研情况来看，定西市在生态环境建设支持精准扶贫精准脱贫工作中总体上责任明确、措施得力、成效也较为显著。

一、生态环境建设支持精准扶贫工作稳步推进

（1）坚持以土地整治和地质灾害综合治理为切入点，强力推进生态环境建设。一是大力实施高标准基本农田建设工程。2015年已开工建设高标准基本农田建设任务18.46万亩①，预计全部建设项目按照“谁批准、谁验收”的原则，在年底通过验收后将超额完成累计76.71万亩的既定目标。二是积极推进小流域综合治理和生态修复工程。全市已完成小流域综合治理和生态修复面积261.8平方千米，占年度总任务350万平方千米的74.8%；建成通渭县襄南乡中庄村30.44万立方米中型淤地坝一座；安定、通渭、陇西、临洮4县区3.3万亩坡耕地已被列入国家坡耕地治理项目，

① 1亩=667平方米。

目前项目实施方案已批复，项目投资 4000 万元。共争取到各类水土保持项目资金 8580 万元，较上年增加 2200 万元。三是扎实推进地质灾害隐患治理及搬迁避让工作。已完成《定西市精准扶贫地质灾害综合防治实施规划》的编制工作，完成 14 处大型、特大型地质灾害隐患治理工程的可研报告和项目申报工作，投资 9078 万元，按照全省地质灾害综合治理体系建设 2014—2018 年总体规划，将投资我市 8 亿元用于地质灾害综合治理工作，预计将于 2018 年提前完成 56 处大型、特大型地质灾害隐患治理工程的建设目标。已向省上报审报搬迁避让花名册 609 户 2987 人，户均补助 4 万元，共计资金 2436 万元。

（2）坚持以林业生态建设保护和林业经济发展为关键点，努力培育新的经济增长极。一是加强生态保护与建设。在保护好现有森林资源的基础上，依托国家天然林保护、三北防护林、退耕还林等重点生态建设工程，全市共完成造林封育 24.33 万亩（其中：退耕还林 11.6 万亩，面山绿化 7.58 万亩，绿色长廊绿化 0.75 万亩，封山育林 4.4 万亩），已完成 20 万亩的造林任务，全民义务植树 974 万株，补植补造 6.82 万亩，预计森林覆盖率达到 12.6%。二是加快发展优质林果产业。把发展林果业，作为发展林业产业、促进农民群众增收的重要举措，投入大量资金，大力扶持林果产业发展，全市共完成经济林果基地建设 7.79 万亩，超额完成 5 万亩新增任务。三是大力发展林下经济。依托森林资源，大力发展林下种植、养殖、林产品加工和森林旅游等产业。全市共组建农民林业专业合作社和协会 90 个，林下种植面积达到 4 万亩（没有完成每年新增 6 万亩的任务），新增林下经济产值 1.58 亿元，参与林下经济发展的农户达 6.53 万户。四是加快发展特色苗木产业。采取政府引导、育苗企业带动、农户参与、部门服务等措施，积极引导贫困户发展育苗，培育种苗大户，加快发展特色苗木产业，全市新增育苗面积 1.12 万亩（没有完成新增生态苗木 7 万亩、经济苗木 0.5 万亩、景观苗木 0.5 万亩的任务）。五是加快发展花卉产业。

按照“龙头企业 + 基地 + 协会 + 农户”的发展模式，大力开展新品种培育和改良工作，加大对地方品种的开发力度，全市新增花卉苗木 0.3 万亩，达到 0.52 万亩，完成 1 万亩任务的 52%。六是强化技术培训服务。市林业局组织林业科技人员，深入全市 70 多个贫困村开展政策宣传、技术指导及林果业和育苗业实用技术培训，累计培训贫困农民 0.6 万人次，进一步提升了贫困群众脱贫致富的能力和水平。

（3）坚持以草原生态保护和退牧还草工程为着眼点，拓展贫困群众收入渠道。一是制定出台了《关于全市畜草产业助推精准扶贫的实施方案》，从发展目标、工作措施、保障措施等方面对贯彻落实省、市决策部署，推动畜草产业发展做出进一步细化分解。二是全面落实草原禁牧、草畜平衡措施，加大牧草良种补贴和牧民生产资料综合补贴力度。2021 年已完成草原禁牧 688.03 万亩、草畜平衡 214.73 万亩、牧草良种补贴 230.79 万亩，全市草原植被覆盖率为 73%。对 13867 户贫困牧民给予生产资料综合补贴，每户 500 元，落实补贴资金 6933.5 万元。三是大力实施退牧还草工程。在岷县、漳县已完成草原围栏 20 万亩，补播改良 10 万亩（20 元 / 亩）、种植人工饲草 0.6 万亩（200 元 / 亩，其中：中央财政补贴 160 元，地方补贴 40 元）、发展舍饲棚圈养殖 0.1 万户（3000 元 / 户，其中：中央财政支持 2250 元，地方和群众自筹 750 元），总投资 0.5 亿元（任务已全面完成）。

（4）坚持以村容村貌和整治环境污染为落脚点，加强农村环境综合治理。一是进一步加强贫困村村容村貌整治。全市确定省级美丽示范村 12 个、市级美丽示范村 9 个、县级美丽示范村 16 个、环境整洁村 152 个，省级美丽示范村规划编制已通过市规划部门评审工作。二是开展农村环境综合治理。争取农业部农村沼气国债项目建设任务 1650 户，目前已建成沼气池 1610 口，占建设任务的 97.6%，完成“改厕、改圈、改厨”为主要内容的“三改”用户共 1218 户，点火使用 816 户，全市累计建成“一池三改”农村沼气 13.06 万户。同时，在积极争取省上卫生改厕项目的基础上，县区财政为每户补贴 500 元，预计 2015 年底，全市农村卫生厕所普及率将达到 50%。三是推进畜禽养殖污染治理。争取国家和省级环保专项资金用于畜禽养殖污染治理及农村环境综合整治项目实施，2015 年计划完成 12 个。目前，7 个国家级农村环境连片综合整治项目已完成并于 9 月下旬通过省上验收，另有 2 个省级项目正在制定方案。同时，在已完成连片综合整治项目的 7 个村制定了村规民约，健全完善群众自我管护村内公共设施和环境卫生机制。2015 年全市共完成规模化畜禽养殖企业废弃物综合治理项目 12 个，综合利用率预计将达到 73%。四是加强农业面源污染防治。争取实施乡村清洁工程项目，加快农业面源污染治理，加强废旧农膜回收利用和尾菜处理利用。制定了《定西市创新废旧农膜回收利用机制开展地膜以旧换新工作实施方案》（以下简称《方案》），积极探索废旧农膜回收利用模式，在通渭县第三铺乡万岔村开展了废旧农膜“以旧换新”试点，已回收废旧地膜 170 立方米，为农民兑换新地膜 170 捆。2015 年前 9 个月，全市共回收废旧农膜 1.77 万吨，回收利用率为 66%，回收处理尾菜 11.75 万吨，处理利用率为 28.8%。

二、面临的困难问题及工作建议

（1）存在的困难和问题。从调研的情况来看，全市生态环境建设助推精准扶贫工作虽然取得了一定成效，但还存在一些亟待解决的问题。具体表现在：一是重视程度不够高。个别单位重视程度依然不够，有的业务人员对各项政策措施的知晓率较低。市国土局的职能科室业务人员甚至还未看到过全市精准扶贫精准脱贫政策文件。二是工作进展不平衡。个别单位对各项目标任务的分解落实不及时、不到位，政策措施还停留在县级层面，离各项措施的到村、到户要求相距甚远。三是配套政策未落实。大部分单位还没有制定《部门实施方案》《年度实施计划》和《考核评价办法》等制度，仅仅依托原有的项目实施办法、项目验收方案等组织开展工作。

四是政策数据对接不够。个别单位提供的数据与《方案》存在出入，如市国土局《方案》中“到2017年，完成贫困县高标准基本农田建设24万亩”的目标与市国土局提供的“92万亩”的数据不符。五是责任落实不到位。各单位责任分工不明确，甚至存在责任盲区。如《方案》中“加强贫困村村容村貌整治”章节，涉及市委农工部、市规划局、市卫爱办等部门承担的工作任务，而上述单位并未被列入责任单位。相反地，没有承担具体工作任务的市住建局却在责任单位之列，在一定程度上影响了工作的正常有序开展。六是配套资金落实困难。地方财政困难、配套资金落实不力的短板依然明显，部分需要地方配套资金完成的项目实施难度较大，如市国土局实施的地质灾害综合治理项目中需要市、县配套的25%资金；市畜牧局实施的舍饲棚圈养殖需要地方财政和群众自筹的25%资金等都难以落实到位，影响了项目建设进度和质量效益的正常发挥。

（2）工作建议。党的十八大报告提出，大力推进生态文明建设。习近平总书记在学习实践活动工作会上，多次强调加强生态文明建设。建设生态文明，是关系人民福祉、关乎民族未来的长远大计。市委、市政府也把生态环境建设工作列入助推精准扶贫精准脱贫的重要举措，纳入“1+16+5”精准扶贫扶持政策。为此，针对目前实施过程中存在的问题，结合调研掌握的情况，提出如下工作建议：

一是进一步提高思想认识。按照全面、协调、可持续的发展观，按照市委的决策部署，统一各相关部门的思想认识，树立生态建设和经济发展相互促进、协调发展的理念，严格落实生态环境建设支持精准扶贫实施方案，自觉把生态市建设作为落实科学发展观、构建和谐社会的重要载体来抓，作为全面深化改进、加快精准扶贫精准脱贫的突破口和着力点来抓，使全市上下形成上下联动、重点突破、全面推进的态势。

二是进一步完善建设规划。从生态市创建的高度出发，进一步完善市、县区、乡镇的生态建设规划，使我市的生态建设和保护工作更符合定西实际。在此基础上，着重抓好规划的贯彻落实，使规划真正落到实处，确保生态环境建设顺利进行。

三是进一步加强环境整治。要大力推进农村公厕粪便集中沼气处理和农村生活污水治理工程建设，加大对农村小集镇截污管网建设的政策扶持和技术支持力度。要加快推进农业标准化建设和规模化经营，加强农业投入品监管，大力发展绿色、无公害、有机农业。加强自然生态保护，注重对饮用水源地的保护，切实做到在保护的基础上有序开发利用。

四是进一步靠实工作责任。建议督促各责任单位进一步加强工作力度，及时查漏补缺，确保各项年度工作目标按期足额完成，对部分工作欠账较大的单位在一定范围内以适当方式进行通报提醒，督促工作落实。建议针对各责任单位承担相应工作任务的科室负责人和业务人员，组织开展一次较为系统的政策培训，进一步提高政策的知晓率和政策执行的针对性。建议组织各牵头单位对“1+16+5”政策文件中的各项数据、目标、计划等进行再次核实，确保各项数据资料及时准确。建议组织各牵头单位对各自《方案》进行进一步细化实化，制定具体实施细则，进一步靠实各责任单位工作责任，促进各项工作任务的有效落实。

2016 年 4 月

附录三:《中国的减贫行动与人权进步》白皮书(节录)

一、减贫促进了中国人权事业发展

自20世纪70年代末实行改革开放以来，中国政府不断加大扶贫力度，成立专门扶贫工作机构，确定重点扶持地区和群体，安排专项资金，制定适合现实国情的贫困标准和专门的优惠政策，确定了开发式扶贫方针。中国政府在全国范围内开展了有计划有组织的大规模开发式扶贫，先后实施了《国家八七扶贫攻坚计划(1994—2000年)》《中国农村扶贫开发纲要(2001—2010年)》《中国农村扶贫开发纲要(2011—2020年)》等中长期扶贫规划，减贫成为国家战略的重要组成部分。

党的十八大以来，党中央把扶贫开发摆到治国理政的重要位置，提升到事关全面建成小康社会、实现第一个百年奋斗目标的新高度，纳入“五位一体”总体布局和“四个全面”战略布局进行决策部署。党的十八届五中全会提出了贫困人口全部脱贫、贫困县全部摘帽的目标任务。中央召开扶贫开发工作会议，中共中央、国务院印发关于打赢脱贫攻坚战的决定，对“十三五”脱贫攻坚作出全面部署。“十三五”规划将中央脱贫攻坚决策部署变为国家意志，变为可操作的规划，第一次把脱贫攻坚作为五年规划纲要的重要内容，第一次把贫困人口脱贫作为五年规划的约束性指标，第一次由省区市党政一把手向中央签署《脱贫攻坚责任书》，并层层立下军令状。

中国的减贫行动是中国人权事业进步的最显著标志。改革开放30多年来，7亿多贫困人口摆脱贫困，农村贫困人口减少到2015年的5575万人，贫困发生率下降到5.7%，基础设施明显改善，基本公共服务保障水平持续提高，扶贫机制创新迈出重大步伐，有力促进了贫困人口基本权利的实现，为全面建成小康社会打下了坚实基础。联合国《2015年千年发展目标报告》显示，中国极端贫困人口比例从1990年的61%，下降到2002年的30%以下，率先实现比例减半，2014年又下降到4.2%，中国对全球减贫的贡献率超过70%。中国成为世界上减贫人口最多的国家，也是世界上率先完成联合国千年发展目标的国家，为全球减贫事业做出了重大贡献，得到了国际社会的广泛赞誉。这个成就，足以载入人类社会发展史册，也足以向世界证明中国共产党领导和中国特色社会主义制度的优越性。

中国致力于消除本国贫困的同时，积极支持和帮助广大发展中国家消除贫困。中华人民共和国成立60多年来，中国共向166个国家和国际组织提供了近4000亿元人民币援助，派遣60多万援助人员，先后7次宣布无条件免除重债国和最不发达国家对华到期政府无息贷款债务，向69个国家提供医疗援助，为120多个发展中国家落实千年发展目标提供帮助。

经过多年探索实践，中国积累了通过减贫促进人权事业发展的成功经验，走出一条中国特色扶贫开发道路。

——坚持立足基本国情，充分发挥制度优势。中国有13亿多人口，是世界上最大的发展中国家。发展是中国共产党执政兴国的第一要务，是解决中国所有问题的关键。中国发挥政治优势和制度优势，通过“党的领导、政府主导、社会参与”的工作机制，形成跨地区、跨部门、跨行业、全社会共同参与多元主体的社会扶贫体系。

——坚持加快发展经济，扎实推进减贫事业。将减贫作为发展经济的一项重要内容，以发展经济促进减贫，发挥扶贫开发与经济社会发展相互促进作用，把扶贫开发作为经济社会发展规划的主要内容，推动减贫和人权保障领域各项工作统筹兼顾、协调发展，实现扶贫减贫规划、国家经济社会发展规划与国家人权行动计划有机联动。

——坚持多种形式减贫，注重提高实际效果。把发展作为解决贫困的根本途径，坚持开发式扶贫方针，注重扶贫先扶智，增强贫困人口自我发展能力，阻断贫困代际传递。坚持普惠政策和特惠政策相结合，在加大对农村、农业、农民普惠政策支持的基础上，对贫困人口实施特惠政策。把精准扶贫、精准脱贫作为基本方略，分类施策，重在精准，做到应扶尽扶、应保尽保。

——坚持社会公平公正，努力实现成果共享和共同富裕。以保障和改善民生为重点，创新制度安排，促进社会公平正义。建立以权利公平、机会公平、规则公平为主要内容的社会公平保障体系，用法治保证人民平等参与、平等发展权利，使全体人民共享改革发展成果，实现共同富裕。

二、保障贫困人口生存权

中国政府创新扶贫模式，实施精准扶贫、精准脱贫基本方略。近年来，通过建档立卡摸清底数，分析致贫原因和发展需求，分类指导，精准施策，落实扶贫对象精准、项目安排精准、资金使用精准、措施到户精准、因村派人精准、脱贫成效精准的要求，切实提高扶贫实效，加快贫困人口精准脱贫，保障贫困人口生存权。

特色产业脱贫得到扶持。国家相继出台一系列特色产业发展规划、政策，为贫困地区提供发展机会。制定实施关于加强农业行业扶贫工作的指导意见和《全国林业扶贫攻坚规划（2013—2020年）》，明确将大力发展特色农牧业作为农业行业扶贫重点工作。编制《农业行业扶贫开发规划（2011—2020年）》，制定《特色产业增收工作实施方案》《全国优势特色经济林发展布局规划（2013—2020年）》，对各集中连片特困地区特色农林牧业进行科学布局，明确发展重点。发布《特色农产品区域布局规划（2013—2020年）》，将贫困地区96个特色品种纳入规划范围，引导多方力量加大投入。“十二五”（2011—2015年）期间，向连片特困地区投入农业基本建设资金和财政专项资金1220亿元，安排林业基本建设资金和财政专项资金1160多亿元。在特色产业带动下，贫困地区发展条件不断改善，农民收入水平不断增加。

易地搬迁脱贫稳步实施。2012年以来，国家累计安排中央预算内投资404亿元，撬动各类投资近1412亿元，搬迁贫困人口591万人，地方各级统筹中央和省级财政专项扶贫资金380亿元，搬迁580多万贫困人口，有效拓展贫困地区发展空间。通过科学规划、合理选址，加强安置区基础设施和社会公共服务设施建设，大幅改善生产生活条件，搬迁群众生产生活水平显著提升。通过帮助发展种植业和养殖业，引导外出务工，直接增加劳务收入，搬迁群众脱贫致富步伐明显加快。2016年，中国政府启动实施了新一轮易地扶贫搬迁方案，增加中央预算内投资规模，提高政府补助标准，引入开发性、政策性金融资金，大幅拓宽融资渠道，并加大易地扶贫搬迁群众后续脱贫扶持力度，确保搬迁一户、脱贫一户。

生态保护脱贫持续推进。在贫困地区积极推进天然林资源保护、退耕还林、退牧还草、京津风沙源治理、石漠化综合治理和生物多样性保护等重大生态工程，加快贫困地区生态保护和修复步伐，改善当地生态环境，不断拓展贫困人口生存空间，为当地优势特色产业发展、贫困人口就业增收以及保障发展环境创造了良好的条件。建立完善生态补偿机制，积极推进贫困地区的生态补偿工作，进一步提高森林生态效益补偿标准，完善草原生态保护奖励机制，推动贫困地区传统牧业向现代牧业转变。拓宽贫困人口增收渠道，鼓励重点工程区范围内的贫困户投工投劳，提高了贫困人口的受益水平。改善贫困人口生存条件，加大贫困县生态环境综合治理力度，强化木本粮油、特色林果、木竹原料林、林下经济、草食畜牧业、生态旅游业等发展，切实改善贫困人口生活条件。

教育脱贫力度不断加大。“十二五”期间，中国把教育扶贫作为脱贫攻坚的重要内容，深入推进义务教育均衡发展，着力缩小城乡教育差距，全面改善贫困地区的办学条件，实施学前教育三年行动计划、乡村教师生活补助计划，实施中等职业学校免学费、补助生活费政策及面向贫困地区定向招生专项计划，切实保障贫困人口受教育权利。2012—2015 年，中央财政累计投入资金 831 亿元改造义务教育薄弱学校，投入约 140 亿元建设边远艰苦地区农村学校教师周转宿舍 24.4 万套，可入住教师 30 万人。连续实施学前教育三年行动计划，全国学前三年毛入园率由 2011 年的 62.3% 提高到 2015 年的 75%，中西部地区在园幼儿数由 2011 年的 2153 万人增加到 2015 年的 2789 万人，增长了 30%。2014 年 11 月，有关部门联合印发《关于统一城乡中小学教职工编制标准的通知》，将县镇、农村中小学教职工编制标准统一到城市标准，并向农村边远贫困地区倾斜。2013—2015 年，中央财政累计投入资金约 44 亿元，支持连片特困地区对乡村教师发放生活补助，惠及约 600 个县的 100 多万名乡村教师。2012—2015 年，中央财政共下达中等职业学校免学费补助资金 417 亿元，对公办中等职业学校全日制在校生中所有农村（含县镇）学生、城市涉农专业和家庭经济困难学生免除学费（艺术类相关专业除外）。对在职业教育行政管理部门依法批准、符合国家标准的民办中等职业学校就读的符合免学费政策条件的学生，按照当地同类型同专业公办中等职业学校免除学费标准给予补助。对全日制一、二年级在校涉农专业学生和非涉农专业家庭经济困难学生发放国家助学金，2012—2014 年标准为每生每年 1500 元，从 2015 年春季学期起标准提高到每生每年 2000 元，覆盖近 40% 的学生。实施面向贫困地区定向招生专项计划，面向 832 个贫困县 4 年累计录取学生 18.3 万人，贫困地区农村学生上重点高校人数连续三年（2013—2015 年）增长 10% 以上。

医疗保障脱贫全面落实。中国政府不断加大健康扶贫工作力度，减轻农村贫困人口医疗费用负担，增强贫困地区医疗卫生服务能力，提高贫困地区群众健康水平，努力防止因病致贫、因病返贫，贫困人口健康权利得到切实保障。新型农村合作医疗制度逐步完善，覆盖97%以上的农村居民。2016年，新农合人均补助标准提高到420元，政策范围内门诊和住院费用报销比例分别达到50%和75%左右。全面实施城乡居民大病保险，覆盖超过10亿参保居民，报销比例不低于50%。全面建立疾病应急救助制度，开展重特大疾病医疗救助，全民医保制度防大病、兜底线的能力进一步增强，农村居民看病负担大大减轻。2012年以来，中央专项投资共安排794亿元支持贫困地区11万个卫生机构基础设施建设，改善贫困地区卫生服务条件。实施农村订单定向免费医学生培养、全科医生特设岗位计划等项目。深入实施城乡医院对口支援，组织全国三级医院对口帮扶贫困地区县级医院。2015年，基本公共卫生服务12大类45项得到全面落实，人均经费从2011年的15元提高到40元。实施农村妇女增补叶酸预防神经管缺陷、贫困地区儿童营养改善等项目，加强疾病预防控制和健康促进，贫困地区群众健康状况逐步改善。2016年，国家卫计委、国务院扶贫办等15个部门联合实施健康扶贫工程，为农村贫困人口与全国人民一道迈入全面小康社会提供健康保障。

农村兜底脱贫逐步实行。国家制定农村低保制度与扶贫开发政策相衔接实施方案，各地紧紧围绕贫困人口脱贫目标，完善政策措施，健全工作机制，努力实现农村低保制度政策性兜底保障，不断提高贫困人口社会保障水平。对于符合农村低保条件的建档立卡家庭，按规定程序纳入低保范围，根据家庭人均收入与当地低保标准的差额发给低保金。对于符合扶贫条件的农村低保家庭，按规定程序纳入建档立卡范围，根据不同致贫原因予以精确帮扶。对于脱贫后再返贫的家庭，分别纳入临时救助、医疗救助、农村低保等社会救助制度和建档立卡帮扶政策范围。2015年，全国保障农村低保对象共4903.6万人，农村低保标准从2011年的平均每人每月143元提高到265元；农村特困人口集中和分散供养年人均标准分别达到6026元和4490元，比2012年同期分别增长48.4%和49.3%。

资产收益扶贫探索实行。对于难以通过增强自我发展能力实现脱贫的贫困人口，近年来一些地方积极探索资产收益扶贫，在不改变资金用途的情况下，将财政专项扶贫资金和其他涉农资金投入贫困地区基础设施建设和产业发展形成的资产，拿出部分量化折股配置给丧失或部分丧失劳动能力的贫困户，帮助其增加财产性收入。各地资产收益扶贫主要依托当地优势特色产业，并积极发挥农民专业合作社等新型生产经营主体作用，确保贫困人口既可以享受保底收益和红利，还能通过流转土地和参加务工获得收益。2014年年底，国家启动光伏扶贫试点工作，在安徽、河北、山西、宁夏、甘肃、青海6省区开展试点，通过资产收益扶贫增加贫困地区“造血”能力。2016年，国家大力推进光伏扶贫，计划在2020年之前，在16个省区471个县约3.5万个建档立卡贫困村，以整村推进的方式，保障200万建档立卡无劳动能力贫困户（包括残疾人）户均年增收3000元以上。

就业创业服务不断加强。近年来，中国政府大力实施就业优先战略和更加积极的就业政策，提供职业技能培训，加强就业创业服务，有效保障贫困人口工作权利。组织实施农民工职业技能提升计划——“春潮行动”，面向农村贫困劳动力开展就业技能培训、岗位技能提升培训和创业培训，并落实培训补贴政策。落实《关于加强雨露计划支持农村贫困家庭新成长劳动力接受职业教育的意见》，对农村贫困家庭子女接受职业教育的给予补助。进一步健全完善公共就业服务体系，加强基层劳动就业和社会保障服务平台建设，组织开展“春风行动”等专项就业服务，加强输出输入地劳务对接，为农村贫困人口免费提供职业指导、职业介绍、就业信息、政策法规咨询等公共就业服务，推进农村富余劳动力进城务工和稳定转移，2011—2014年年均新增农民工793万人。积极落实创业扶持政策，对有创业意愿和创业培训、创业服务需求的劳动者，组织参加创业培训，提供信息咨询、开业指导、创业孵化、跟踪辅导等“一条龙”创业服务，提高创业成功率。

三、维护特定群体权利

妇女、儿童、老年人、残疾人、少数民族等特定群体中的贫困人口是扶贫工作的重点对象。2012 年以来，中国政府加大优先扶持政策力度，切实保障这些群体的社会保障权、健康权、受教育权等各项权利。

贫困妇女权利保障水平不断提升。国家落实《中国妇女发展纲要（2011—2020 年）》，制定实施保障贫困妇女权益的政策措施。加强贫困地区妇女教育培训，培训中西部农村妇女 200 多万人。实施妇女小额贷款担保项目及财政贴息政策，促进城乡妇女创业就业。开展农村妇女“两癌”检查项目，每年为全国 1000 万适龄农村妇女进行免费宫颈癌检查，为 120 万适龄农村妇女进行免费乳腺癌检查，已覆盖 532 个贫困县。2011—2015 年，中央彩票公益金投入 4 亿元，积极开展“贫困母亲两癌救助”。实施“母亲安居工程”“母亲健康快车”等公益项目，帮助贫困单亲母亲、患病贫困妇女改善生存和发展状况。建立完善新型社会救助体系，加大对贫困妇女的保障力度。2015 年，全国获得低保及特困人员救助供养的居民达 7121.5 万人，其中女性约 2609.4 万人，所占比重为 36.6%，基本实现了应保尽保。

贫困儿童权利保障力度不断加大。国家制定并落实《中国儿童发展纲要（2011—2020 年）》《国家贫困地区儿童发展规划（2014—2020 年）》，健全完善留守儿童关爱服务体系、困境儿童分类保障和救助保护机制。落实《国务院关于加强农村留守儿童关爱保护工作的意见》，推进城乡社区“儿童之家”和“儿童快乐家园”建设，各地以“儿童之家”和“儿童快乐家园”为依托开展关爱服务活动 15.8 万项，受益农村留守儿童人数达

1312.9万人次。落实《国务院关于加强困境儿童保障工作的意见》，各地出台困境儿童分类管理办法，根据不同儿童群体需求特点，分类型设置标准，分标准实施保障，加强困境儿童保障水平。落实《国务院关于孤儿保障工作的意见》，全面建立全国孤儿基本生活保障制度和艾滋病病毒感染儿童生活保障制度，中央财政每年安排20亿元，保障50多万名孤独和艾滋病病毒感染儿童的基本生活，并对他们的医疗、教育、康复及成年后就业、住房等做了制度性安排。实施“全国孤儿手术康复明天计划”，累计投入资金8.6亿元，为9万多名孤儿、弃婴和贫困儿童免费实施手术矫治和康复。贯彻《国务院办公厅关于加强流浪未成年人救助保护工作的意见》，开展“接送流浪孩子回家”和“流浪孩子回校园”专项行动，基本杜绝胁迫、诱骗、利用未成年人乞讨现象。广泛开展适度普惠型儿童福利保障制度和未成年人社会保护试点工作，推动构建未成年人救助保护制度，推动建立县、乡、村三级儿童福利和保护工作网络。自2011年起，全国超过1/2的县实施了农村义务教育学生营养改善计划，按照每生每天4元标准为贫困地区提供营养膳食补助，中央财政累计投入670亿元，惠及3360万农村学生。自2012年起，实施贫困地区儿童营养改善项目，为6～24月龄婴幼儿免费提供营养包，提高监护人科学喂养知识普及程度和家庭教育水平，促进贫困地区婴幼儿健康发育成长。2015年，该项目由中央财政专项补助经费5亿元，覆盖21个省（区、市）14个国家集中连片特困地区的341个县，共211万名儿童受益。

老年人权利保障体系不断完善。国家积极推动养老保险制度改革，加强农村养老服务建设，建立健全养老服务补贴制度。2009年开展新型农村社会养老保险试点，2011年开展城镇居民社会养老保险试点，2014年在全国范围内建立了统一的城乡居民养老保险制度。2015年，中央和地方政府支付补贴资金2044亿元，保障和改善亿万城乡老年居民的基本生活。截至2015年年底，全国参保人数达5.05亿人，待遇领取人数达

1.48亿人，其中95%是农村居民；全国共有农村敬老院27248所，床位249.3万张，日间照料服务设施已覆盖50%以上的农村社区；全国20个省（区、市）建立经济困难老人养老服务补贴制度，17个省（区、市）建立失能老人护理补贴制度。

残疾人权利保障事业扎实推进。2012年，国务院办公厅印发《农村残疾人扶贫开发纲要（2011—2020年）》，明确将贫困残疾人列为重点扶贫群体。2015年，国务院印发《关于加快推进残疾人小康进程的意见》，围绕残疾人基本民生保障、就业创业增收、基本公共服务三大重点领域，提出了一系列重要举措。2015年，《国务院关于全面建立困难残疾人生活补贴和重度残疾人护理补贴制度的意见》正式实施，第一次在国家层面建立残疾人福利补贴制度。通过专项调查，实名获取2660多万持证残疾人和70多万个社区为残疾人提供公共服务状况的基本信息，为向残疾人精准服务提供了可靠的数据支撑。2012年以来，中央安排37.4亿元康复扶贫贴息贷款，扶持21.9万贫困残疾人；累计为145.2万残疾人提供职业培训，城镇新增123.9万残疾人就业，2015年开通全国残疾人网络就业服务平台；国家补助完成117.5万户农村贫困残疾人危房改造，317万农村贫困残疾人得到实用技术培训，496.2万农村贫困残疾人脱贫，因残致贫现象得到有效缓解。截至2015年年底，共有1088.5万城乡残疾人纳入最低生活保障范围，近2230万残疾人参加城乡居民社会养老保险，302.3万残疾人参加城镇居民基本医疗保险。

少数民族脱贫步伐加快。国家制定一系列特殊扶持政策，加快推进少数民族和民族地区脱贫攻坚。《中国农村扶贫开发纲要（2011—2020年）》确定的14个集中连片特困地区中，分布在民族自治地方的有11个；592个国家扶贫开发工作重点县中，分布在民族自治地方的有263个；扶贫开发整村推进"十二五"规划确定的3万个贫困村中，分布在民族自治地方的有13158个。2012—2015年，中央财政安排少数民族发展资金145.9亿元，专项支持推进兴边富民行动、扶持人口较少民族发展以及开展少数民族特色村寨和少数民族传统手工艺品的保护与发展。国家安排中央预算内投资55亿元，用于帮助边境地区和人口较少民族聚居区的基础设施建设、群众生产生活条件改善和社会事业发展。“十二五”期间，内蒙古、广西、西藏、宁夏、新疆5个自治区和少数民族分布集中的贵州、云南、青海3省的贫困人口从2011年的3917万人下降到1813万人，减少2104万人，减少幅度为53.7%；贫困发生率从27.2%下降到12.4%，下降了14.8个百分点。

四、改善贫困地区发展环境

加强贫困地区基础设施建设，破除发展瓶颈制约，是实现贫困地区群众生存权、发展权的基础和前提。2012年以来，中国政府继续支持贫困地区基础设施建设，切实加大投入力度，贫困地区的基本生产生活条件得到进一步改善。

贫困地区通信基础设施升级改造加快。中国政府发布《“宽带中国”战略及实施方案》，加大中央财政对贫困地区通信设施建设的支持，鼓励企业承担社会责任，努力消除“数字鸿沟”对贫困地区的瓶颈制约。扎实推进贫困村信息化工作，持续深入开展乡镇互联网接入、行政村通宽带、信息下乡等方面建设，有效提升农村及贫困地区的通信基础设施水平。截至2015年年底，实现100%的行政村通电话、100%的乡镇通宽带，农村地区互联网宽带接入端口超过1.3亿个，有效提高了贫困地区的宽带网络普及率，有效改善了当地的生产生活条件，为贫困地区产业发展提供了有力支撑。中央投资92.23亿元，基本完成对20户以下已通电自然村广播电视覆盖。

贫困地区水利建设力度加大。国家制定实施《全国水利扶贫专项规划》等10多个水利扶贫规划或方案，贫困地区水利建设明显加快。

2011—2015 年，中央水利投资用于中西部的比重达 84%，用于民生水利建设的比重近 70%。“十二五”期间，安排贫困地区中央水利投资 2375 亿元，累计解决 1.15 亿贫困地区农村居民和学校师生饮水安全问题，农村集中式供水覆盖率提高到 75% 以上。已开工的 85 项重大节水工程中，有 60 项惠及贫困地区，总投资达 5600 亿元。贫困地区共完成 7700 多座病险水库和大中型病险水闸除险，新建或加固江河堤防 3900 余千米，新增中小河流治理河长 1.45 万千米。新增农村水电装机 750 万千瓦，解决 44 万户农民的生活燃料问题。

贫困地区电力建设成效显著。2013—2015 年，国家共安排投资 248 亿元，实施无电地区电网延伸和可再生能源供电工程，全国无电人口用电问题得到全面解决。实施农网改造升级工程，中央和地方政府加大了对贫困地区，特别是西藏、新疆及四川、云南、青海、甘肃 4 省藏区等西部偏远少数民族地区农村电力建设的投资支持力度，共安排农网改造升级工程投资 1802 亿元，大幅提升了贫困地区的供电能力和电力普遍服务水平。2016 年，启动实施新一轮农村电网改造升级工程。

贫困地区交通建设速度加快。国家制定实施《集中连片特困地区交通建设扶贫规划纲要（2011—2020 年）》，“十二五”期间投入车购税资金 5500 亿元以上，带动全社会公路建设投入近 2 万亿元，全面加快了集中连片特困地区国家高速公路、普通国省道、农村公路、农村客运站点和“溜索改桥”的建设步伐，建设了 33 万千米农村公路，帮助 654 个乡镇和 4.8 万个建制村通硬化路。截至 2015 年年底，集中连片特困地区 96.1% 的乡镇和 86.2% 的建制村通硬化路，95.5% 的乡镇和 83.1% 的建制村通班车。交通运输条件的改善，使贫困地区矿产、能源、旅游等资源得到有效开发利用，脱贫致富的步伐进一步加快。2016 年，中国实施交通扶贫脱贫“双百”工程，进一步加大对交通扶贫的支持力度。

贫困地区人居环境有效改善。中国政府启动农村危房改造工程，改造资金以农民自筹为主，政府补助为辅，中央补助标准从户均5000元提高到7500元，对贫困地区再增加1000元，帮助住房最危险、经济最贫困农户解决最基本住房安全。截至2015年年底，全国累计安排1556.7亿元支持1997.4万户贫困农户改造危房。中国政府将保障基本人居卫生条件作为贫困村改善农村人居环境的首要任务，在传统村落保护、农村垃圾和污水治理等方面对贫困地区倾斜。自2012年起，贫困地区共有1194个村落列入中国传统村落名录，每村安排中央财政补助300万元用于村落保护和人居环境改善。农村垃圾治理全面推进，建立农村生活垃圾逐省验收制度，实现贫困地区和其他地区同步推进。

五、合力推进减贫事业

减贫是一项系统性工程，需要一系列政策机制的支撑保障和全社会的积极参与。2012年以来，中国政府继续加大扶贫减贫投入力度，不断改革创新扶贫减贫工作机制，引导鼓励社会各方面参与支持脱贫攻坚，进一步健全完善民主监督机制，切实提高减贫实效。

财政扶贫投入力度不断加大。2012年以来，中国政府积极调整财政支出结构，持续加大投入力度，完善财政扶贫政策体系。2011—2015年，中央财政累计安排专项扶贫资金1898.4亿元，年均增长14.5%，并安排专项彩票公益金50.25亿元，支持贫困革命老区推进扶贫开发。积极创新财政扶贫体制机制，加强财政扶贫资金管理。发挥财政投入的杠杆作用，通过市场化机制撬动金融资本支持易地扶贫搬迁工程。

金融扶贫方式创新发展。精准对接脱贫攻坚融资需求与贫困地区发展规划，满足特色产业扶贫、易地扶贫搬迁、贫困人口就业就学的金融需求。创新发展扶贫小额信贷，为建档立卡贫困户提供“5万元以下、3年以内、免担保免抵押、基准利率放贷、财政扶贫资金贴息、县建风险补偿金”的扶贫小额信贷产品，支持贫困户发展产业，增加收入，截至2015

年年底，已向贫困户发放 1200 亿元。大力推进贫困地区普惠金融发展，完善农村支付服务环境，推进支付服务进村入户。完善精准扶贫金融支持保障措施，设立扶贫再贷款，实行比支农再贷款更优惠的利率，发挥多种货币政策工具作用，引导金融资源向贫困地区、贫困人口倾斜配置。探索保险扶贫的路径。

扶贫开发用地政策进一步完善。调整完善土地利用总体规划，充分考虑扶贫开发及易地扶贫搬迁需要，统筹安排建设用地规模、结构和布局，优先安排脱贫攻坚用地。出台更加灵活的国土资源管理政策。按照应保尽保要求，加大对扶贫开发及易地扶贫搬迁地区城乡建设用地增减挂钩指标支持，符合条件的节余指标可在省域范围内流转使用。增减挂钩收益按照工业反哺农业、城市支持农村的要求，及时全部返还贫困地区。对中西部少数民族地区和集中连片特困地区利用荒山、荒沟、荒丘、荒滩发展休闲农业，建设用地指标给予倾斜。

定点扶贫政策有效落实。320 个中央单位均承担定点扶贫任务，共帮扶 592 个国家扶贫开发工作重点县。健全牵头联系机制，明确中央 9 个单位为定点扶贫牵头部门。68 家中央企业在定点扶贫的 108 个革命老区贫困县开展“百县万村”活动，帮助解决 1 万多个贫困村的水电路问题。“十二五”期间，中央单位共向 592 个重点县选派挂职干部 1670 人次，投入帮扶资金（含物资折款）118.6 亿元，帮助引进各类资金 695.8 亿元，组织劳务输出 31 万人次。中国人民解放军和武警部队先后建立扶贫联系点 2.6 万多个，对全国 35 个贫困县、401 个贫困乡镇、3618 个贫困村进行定点帮扶。

东西部扶贫协助深入开展。东部 9 个省（直辖市）和 9 个城市对口支持西部 10 个省（自治区、直辖市）207 个重点县。北京、上海、天津、辽宁、山东 5 省市建立了对口支援西部地区资金稳定增长机制，每年以 8% ~ 10% 的幅度增加帮扶资金投入。“十二五”期间，东部省市共向西部贫困地区提供财政援助资金56.9亿元，动员社会力量捐款3.8亿元，引导企业实际投资1.2万亿元；东部派往西部挂职扶贫的党政干部684人次，西部到东部挂职1150人次；为西部地区开展劳动力输出培训77.8万人次，输出劳务240.3万人次。

民营企业、社会组织、公民个人广泛参与扶贫。2014年，国家将每年的10月17日设立为“扶贫日”，在扶贫日前后组织开展系列活动，2014年和2015年共募集资金约150亿元。相继开展全国社会扶贫先进集体和先进个人评选及“中国消除贫困奖”评选表彰活动。启动民营企业“万企帮万村”精准扶贫行动，万达集团等民营企业率先开展包县扶贫行动，苏宁、京东等企业积极参与电商扶贫工作。中国扶贫基金会等社会组织募集大量资金用于精准扶贫项目。成立中国扶贫志愿服务促进会，建设社会扶贫网，着力打造社会扶贫参与平台。

扶贫工作机制健全完善。实行中央统筹、省（区、市）负总责、市（地）县抓落实的领导责任制，分工明确、责任清晰、任务到人、考核到位。各级党委和政府层层签订脱贫攻坚责任书，将脱贫攻坚任务完成情况作为考核贫困县党政领导的重要指标。建立年度脱贫攻坚报告和督查制度，实施省市县乡村逐级督查问责机制，对落实不力的部门和地区严格追责。完善干部驻村帮扶机制，全国选派机关优秀干部到村任第一书记18.8万人，驻村工作队12.8万个，驻村干部53万人，覆盖所有的贫困村。建立贫困退出机制，制定严格、规范、透明的贫困退出标准、程序和核查办法，贫困村、贫困县以贫困发生率为主要衡量标准，中部地区下降到2%以下、西部地区下降到3%以下才能够退出。

扶贫民主监督机制不断完善。建立全国扶贫信息网络系统，通过农户申请、民主评议、公示公告、逐级审核的方式，对每个贫困村、贫困户建档立卡，确保群众的知情权和参与权。坚持民主决策、科学决策，充分尊重贫困群众发展意愿，贫困群众参与项目决策、实施、管理和监督全过程。项目资金安排和建设情况向社会公开，实现阳光化运行、常态化公开。委托有关科研机构和社会组织等独立的第三方，对贫困人口识别准确率、贫困人口退出准确率、因村因户帮扶工作群众满意度等指标进行评估。支持各民主党派中央开展脱贫攻坚民主监督工作，8个民主党派中央分别对口脱贫任务重的8个中西部省区，重点就贫困人口精准识别、精准脱贫等情况开展民主监督。加大扶贫领域执纪监督、审计监督力度，开展扶贫领域职务犯罪预防和集中整治专项工作。完善信息披露机制，设立"12317"扶贫监督举报电话，充分发挥社会监督作用。

六、减贫进入攻坚阶段

中国的减贫事业取得了举世瞩目的伟大成就，谱写了人类反贫困历史上的辉煌篇章，但同时中国政府也清楚地看到，中国减贫面临的形势依然严峻。贫困人口规模较大，贫困程度较深，减贫成本更高，脱贫难度更大，是当前中国减贫面临的主要问题。中国减贫已进入啃硬骨头、攻坚拔寨的冲刺期。

目前，中国减贫所面对的多数是贫中之贫、困中之困，减贫任务十分艰巨。一是数量多。截至2015年年底，全国还有14个集中连片特殊困难地区、832个贫困县、12.8万个建档立卡贫困村，贫困人口达5575万人，相当于中等人口规模国家的总人数。二是难度大。未脱贫人口大多贫困程度更深、自身发展能力较弱，脱贫攻坚成本更高、难度更大。三是时间紧。中国已提出从2016年起，平均每年要减贫1000万人以上。四是易返贫。不少贫困户稳定脱贫能力差，因灾、因病、因学、因婚、因房返贫情况时有发生，新的贫困人口还会出现。

消除贫困、改善民生、实现共同富裕，是社会主义的本质要求，也是中国共产党的重要使命。党的十八大以来，为彻底解决贫困问题，让贫困地区人民群众生存权、发展权有更坚实的保障，坚持创新、协调、绿色、开放、共享的新发展理念，充分发挥政治优势和制度优势，把精准扶贫、精准脱贫作为基本方略，坚持扶贫开发与经济社会发展相互促进，坚持精准帮扶与集中连片特殊困难地区开发紧密结合，坚持扶贫开发与生态保护并重，坚持扶贫开发与社会保障有效衔接，举全党全社会之力，坚决打赢脱贫攻坚战。2015 年年底，中共中央、国务院发布关于打赢脱贫攻坚战的决定，提出了“十三五”（2016 —2020 年）脱贫攻坚的总体目标：到 2020 年，稳定实现农村贫困人口不愁吃、不愁穿，义务教育、基本医疗和住房安全有保障；实现贫困地区农民人均可支配收入增长幅度高于全国平均水平，基本公共服务主要领域指标接近全国平均水平；确保现行标准下农村贫困人口实现脱贫，贫困县全部摘帽，解决区域性整体贫困。2016 年 3 月，《中华人民共和国国民经济和社会发展第十三个五年规划纲要》发布，对全力实施脱贫攻坚总体目标作出战略部署。

为实现上述目标，中国政府根据 2014 年年底贫困人口统计数据，分别制定了不同的脱贫方案。第一，通过产业扶持，帮助有劳动能力和生产技能的 3000 万贫困人口脱贫。第二，通过转移就业，帮助 1000 万贫困人口脱贫。第三，通过易地搬迁，帮助“一方水土养不起一方人”地区的约 1000 万贫困人口脱贫。第四，通过全部纳入低保覆盖范围，实现社保政策兜底脱贫。中国政府承诺，在 2015 年已经完成 1442 万人脱贫的基础上，从 2016 年起每年都要完成 1000 万以上贫困人口的脱贫任务。

中国政府把脱贫攻坚列为工作重点，编制了全国“十三五”脱贫攻坚规划和年度减贫计划。中央政府各部门制定支持脱贫攻坚的具体方案和指导意见。各省区市全面落实中央减贫决定，编制省级“十三五”脱贫攻坚规划，出台包括一个全面推进脱贫攻坚的文件以及若干个配套文件在内的“1+N”精准脱贫系列文件。各行业部门将扶贫内容纳入“十三五”行业专项规划优先安排。

中国政府为打赢脱贫攻坚战提供充足的财政支持。今后 5 年，确保政府扶贫投入力度与脱贫攻坚任务相适应，保证脱贫攻坚的需要。中央财政继续加大对贫困地区的转移支付力度，中央财政专项扶贫资金规模实现较大幅度增长，一般性转移支付资金、各类涉及民生的专项转移支付资金和中央预算内投资进一步向贫困地区和贫困人口倾斜。

中国一直是世界减贫事业的积极倡导者、国际人权事业的忠实实践者和有力推动者。中国承诺到 2020 年实现农村贫困人口全部脱贫，既是全面建成小康社会的必要条件，也是落实联合国《2030 年可持续发展议程》的重要一步，体现了中国作为负责任大国的历史担当。中国将继续履行与自身发展阶段和发展水平相适应的国际义务，通过对外援助、项目合作、技术扩散、智库交流等多种形式，加强与发展中国家和国际机构在减贫与人权领域的交流合作，共享先进理念和经验，推动世界减贫和国际人权事业健康发展。

中华人民共和国国务院新闻办公室

2016 年 10 月

后　记

中华民族正在经历着历史上前所未有的伟大复兴，在走向繁荣和谐的道路上，实现和谐、消除贫困具有重要的现实意义。西部地区地处祖国边陲；是我国少数民族主要的聚居区，由于地理位置、气候条件、民族风俗、文化教育等导致该地区经济相对落后，贫困面广、人口众多。实施生态移民，解决贫困问题，是确保社会公平和谐的内在要求，也是让贫困群众分享社会进步和改革开放的成果，构建社会主义和谐社会的重要内容。

本书依托兰州理工大学甘肃生态建设与环境保护研究中心，以笔者2010年甘肃省社科规划项目《农村社会保障立法研究》（已结项）、2016年甘肃省科技厅软科学项目《甘肃省扶贫政策和农村最低生活保障制度融合研究》和甘肃省社科规划项目《国家反贫困战略下的西部地区社会救助法律制度创新研究》的阶段性成果和研究报告为基础，编写而成。本书从社会权的法律权益保障角度入手，以西部地区（甘肃为例）为样本，论证了生态移民在扶贫开发与社会保障中的创新实施与发展前景，从研究角度和其他同类著作有较明显的区别，也是本书的一大特色。

写作过程中参阅了诸多专家和学者优秀的著作、论文、网上资料文献，在此致以崇高敬意和衷心感谢！本书尚有许多待完善之处，敬请读者不吝指正。

特别感谢兰州理工大学法学院吕志祥教授的鼎力相助！感谢研究生李琴、刘雪琴、金子煜的大力协助！

编者

2023 年 10 月